CONSEILS POUR L'ÉDITION DES TEXTES MÉDIÉVAUX

Fascicule I

CONSEILS GÉNÉRAUX

École nationale des chartes
Groupe de recherches « La civilisation de l'écrit au Moyen Âge »

CONSEILS POUR L'ÉDITION DES TEXTES MÉDIÉVAUX

Fascicule I

CONSEILS GÉNÉRAUX

Paris

Comité des travaux historiques et scientifiques
École nationale des chartes

2001

Collection : Orientations et méthodes.

Ecole nationale des Chartes ; Vieillard, Françoise, Guyotjeannin, Olivier (coord.)
Conseils pour l'édition des textes médiévaux. 1, Fascicule I : conseils généraux. – Paris : Éd. du CTHS : École des chartes, 2001.
(Orientations et méthodes)
ISBN CTHS : 2-7355-0450-6 – ISBN EDC : 2-900791-37-5

RAMEAU :	manuscrits médiévaux
	manuscrits : édition
	manuscrits : mise en pages
DEWEY :	070.33 : Édition. Édition en général. Branches de l'édition.
	411.2 : Paléographie. Épigraphie.
Public concerné :	Niveau universitaire.

Diffusion

Pour la France : Comité des travaux historiques et scientifiques, 1 rue Descartes, F-75231 Paris Cedex 05.

Pour l'étranger : Librairie Droz, 11 rue Massot, CH-1211 Genève 12 (Suisse) ; mél. : droz@droz.org.

ISBN C.T.H.S. : 2-7355-0450-6
ISBN École nationale des chartes : 2-900791-37-5

AVANT PROPOS

Depuis plusieurs décennies, l'École des chartes s'est préoccupée de diffuser auprès de ses élèves et des membres du groupe de recherche « Civilisation de l'écrit au Moyen Âge » des documents de travail internes se présentant comme autant d'éléments de réflexion en vue de préciser les principes qui doivent présider à l'édition des documents médiévaux ; la pratique quotidienne de ces documents de travail a conduit à leur enrichissement permanent et à leur révision, de sorte que leur mise en forme définitive a paru souhaitable. L'impulsion initiale d'une telle entreprise est venue simultanément de deux maîtres éminents, préoccupés plus particulièrement, certes, des types de documents relevant de leur enseignement (chartes et diplômes, textes littéraires, documents en latin ou en langue vulgaire), mais qui avaient donné à l'édition scientifique des textes du Moyen Âge des preuves certaines de leur compétence et de leur acribie, en même temps que de l'étendue de leurs curiosités : Jacques Monfrin, qui s'était aussi bien consacré à l'édition de textes littéraires qu'à celle de chartes en langue vulgaire, et Robert-Henri Bautier, qui, dans le cadre de ses responsabilités au Comité des travaux historiques et scientifiques et à la Commission internationale de diplomatique, se préoccupait de doter ces organismes d'un corps de doctrine inattaquable.

L'énoncé simultané de règles d'édition communes aux textes littéraires et aux documents diplomatiques n'est pas d'usage, et l'habitude est plutôt de les aborder séparément. Mais il nous est apparu qu'une synthèse de l'ensemble des prescriptions de l'espèce répondait à l'unicité de la « civilisation de l'écrit », et que la formulation de ces règles avait tout à gagner d'un dialogue entre spécialistes.

Le projet ainsi conçu est donc une œuvre collective. Issu des réflexions et des conseils de Jacques Monfrin et de Robert-Henri Bautier, il a associé dans sa rédaction Pascale Bourgain, Olivier Guyotjeannin, Marc Smith, Françoise Vielliard, ainsi que leurs étudiants et les membres du groupe de recherche sur la « Civilisation de l'écrit au Moyen Âge », et il a bénéficié des fructueuses suggestions de Bernard Barbiche, de Gérard Giordanengo, de Marie-Clotilde Hubert, souvent consultés et sollicités, et finalement lecteurs attentifs de sa mise en forme définitive. L'expérience que chacun des membres de cette équipe avait acquise lors de l'élaboration du guide pour *L'édition des textes anciens, XVI*ᵉ*-XVIII*ᵉ *siècles*, préparé par Bernard Barbiche et Monique Chatenet, et publié en 1990 en coopération par l'École des chartes et la direction du Patrimoine au ministère de la Culture, s'est d'ailleurs révélée particulièrement utile.

L'heure nous a semblé venue de diffuser plus largement, en dehors de l'École, ce travail d'équipe, en un moment où les chercheurs français affirment avec force la nécessité d'un retour vers l'érudition, avec ses exigences irréductibles, en même temps que de son intégration délibérée à un questionnement proprement historien. Le présent livre ne vise cependant pas à énoncer des normes, mais seulement des conseils : comme on le verra à chaque page, les éléments qui sont ici livrés, outre qu'ils ne sauraient naturellement se substituer aux éventuelles règles imposées aux éditeurs œuvrant dans le cadre d'une collection ou d'une entreprise collective, cherchent avant tout à faire partager une expérience, mais aussi une réflexion : une réflexion sur la nature des textes édités, sur leur diffusion et sur leur utilisation potentielle, toutes questions dont l'éditeur ne saurait jamais faire l'économie, même si une telle attitude se trouve au rebours d'une position trop répandue qui tend à dissocier transcription et interprétation, édition et élaboration des données historiques ou littéraires.

Ces conseils sont le fruit du travail d'une équipe française, qui n'a pas pu ne pas tenir compte de la longue tradition où notre pays s'est déjà illustré en matière d'éditions de textes littéraires et de documents du Moyen Âge, une tradition à l'élaboration de laquelle, il faut le reconnaître, l'École des chartes a beaucoup œuvré. Sont-ils transposables chez nos voisins ? Certes, les pratiques étrangères, fondées elles aussi sur une tradition respectable, sont parfois fort éloignées des nôtres. Il me semble pourtant que la réflexion conduite à l'École des chartes peut fournir à nos collègues étrangers de quoi conduire leur propre réflexion. Est-il utopique de souhaiter qu'un jour un consensus naisse, par-dessus les frontières, sur quelques principes de base susceptibles de présider à une édition de la documentation médiévale, des principes qui seraient unanimement acceptés ?

Une fois affirmée notre préoccupation de ne faire que des suggestions sans rien imposer, nous n'en sommes que plus libres pour prendre un parti tranché sur quelques-unes des questions que se pose tout éditeur de textes : doit-on, par exemple, respecter scrupuleusement le jeu des majuscules tel qu'on le trouve dans le document édité, ou bien quelle attitude prendre pour la transcription, en latin, des *i* ou des *j*, des *u* ou des *v*, ou encore quel système de ponctuation faut-il utiliser ? On trouvera ci-après les réponses que mes collègues proposent à ces questions. Je me borne ici à souligner que ces réponses n'expriment pas seulement leurs positions personnelles ; elles constituent le socle même de la doctrine chartiste en matière d'édition de textes. J'espère d'ailleurs que les explications et les motivations qu'ils donnent de ces positions seront suffisamment explicites pour emporter l'adhésion du lecteur de bonne volonté. Il va d'ailleurs sans dire que cette première diffusion en dehors de l'enceinte de l'École des chartes de ce qui constitue un peu notre pain quotidien appelle avec insistance toutes les remarques qu'on voudra bien nous faire.

Notre intention bien arrêtée de traiter l'ensemble des disciplines concernées par l'art de l'édition explique l'architecture de cette publication : on a d'abord cherché à regrouper, toutes catégories de textes confondues, des conseils généraux dont tout médiéviste puisse faire son profit (fasc. 1), avant d'aborder les problèmes spécifiques aux actes et documents d'archives (fasc. 2), puis aux textes littéraires (fasc. 3)[1].

La coordination de l'ensemble de la publication, sa mise en forme matérielle et l'introduction ont été assurées par Olivier Guyotjeannin et Françoise Vielliard. Les documents commentés en annexe ont été réunis par Pascale Bourgain, Olivier Guyotjeannin, Étienne Hamon, Elsa Hamon-Marguin, Julien Théry et Françoise Vielliard. A cette équipe où se retrouvent plusieurs générations de chartistes, je me dois d'associer les noms des initiateurs de ce projet, Robert-Henri Bautier et Jacques Monfrin, ce dernier hélas trop tôt disparu. Leurs éblouissantes leçons de méthode et leur réflexion sur la place de l'écrit dans la civilisation médiévale ont nourri la pensée de mes collègues tout au long de l'élaboration de cette publication. Puisse celle-ci, où se trouve en quelque sorte concentrée la quintessence de la critique chartiste, rencontrer auprès du public non chartiste un accueil favorable.

Emmanuel Poulle
directeur honoraire de l'École des chartes

1. Ce troisième fascicule est en préparation et sortira sous peu.

INTRODUCTION

Les problèmes posés par l'édition des textes médiévaux, de toute nature, recouvrent un large spectre de questions, du pourquoi (et du pour qui) au comment, où nous n'entendons intervenir que de la façon la plus modeste : que faire concrètement, ou comment au moins analyser les difficultés et les choix possibles, quand on désire entreprendre une édition ?

Éditer un texte suppose naturellement, en amont, des connaissances qui sont du ressort de l'enseignement et de la pratique des langues médiévales (latin, ancien et moyen français, occitan et francoprovençal pour notre champ), des sciences « auxilaires » de déchiffrement, de critique, d'analyse de la transmission des textes (paléographie, diplomatique, codicologie...), des connaissances en matière d'histoire du droit, de la culture, de la société et des institutions. Les allusions qui, dans le corps du volume, seront nécessairement faites à ces champs, parfois à leur vocabulaire spécialisé, supposent que la matière est connue[1].

Cela suppose aussi des enquêtes sur les sources existantes, leur forme et leurs lieux actuels de conservation, sur leur typologie, sur l'état bibliographique des éditions déjà disponibles : toutes questions pour lesquelles les chercheurs sont, d'un secteur à l'autre, très inégalement outillés, mais sur lesquelles nous n'entendons pas davantage intervenir, renvoyant là aussi aux manuels et instruments disponibles.

1. Par exemple, pour le vocabulaire de la codicologie, Denis Muzerelle, *Vocabulaire codicologique, répertoire des termes français relatifs aux manuscrits*, Paris, 1985 (*Rubricae*, 1) ; pour celui de la diplomatique, Commission internationale de diplomatique, *Vocabulaire international de la diplomatique*, édité par Maria Milagros Cárcel Ortí, Valencia, 1994, 2e éd. revue, 1997, 308 p. ; pour celui de la phonétique, les lexiques qui accompagnent les manuels de phonétique historique, en particulier l'« Index des notions » publié dans le *Synopsis de phonétique historique* d'Henri Bonnard, Paris, 5e éd., 1982, p. 45-48.

Cela suppose encore, en certains cas, des approches très spécifiques, liées à des catégories particulières de textes, qui développent leurs propres règles d'édition : nous nous tiendrons à un niveau assez général, renvoyant quand il le faudra à la bibliographie spécialisée ou à des exemples concernant l'édition des documents nécrologiques, des sermons, des textes scientifiques...

Cela suppose enfin que l'éditeur, ou apprenti-éditeur, soit aussi bien conscient du fait que l'art d'éditer a une histoire, riche d'arrière-plan sur l'histoire de l'érudition et de la méthode historique[2], et qu'il a aussi une actualité ; que cette actualité évolue aujourd'hui rapidement, et que la juxtaposition d'entreprises pour l'heure assez éclatées en matière de mise à disposition des textes médiévaux sur support électronique (éditions sur Internet, numérisation de manuscrits et d'actes, saisie de textes interrogeables à distance ou sur CD-Rom...) amènera sans aucun doute à repenser les stratégies d'édition.

Notre propos ne nous a pas paru le lieu d'une discussion de fond. Il convient pourtant de le situer dans une brève perspective historiographique. On est frappé par la différence très nette qui existe entre le domaine des textes littéraires, où la discussion s'est engagée de façon intense, parfois vive, depuis un bon siècle — elle est, il est vrai, aiguillonnée par la largeur du champ chronologique, des classiques de l'Antiquité aux manuscrits contemporains —, et le domaine des sources documentaires, où la réflexion s'est très longtemps retranchée derrière la pratique.

La réflexion des philologues et éditeurs de textes « littéraires » au sens large s'est depuis longtemps, non sans controverse, tournée vers les problèmes théoriques de l'édition[3], qui font régulièrement l'objet de rencontres internationales[4]. Pour les textes latins, on en trouvera une revue cri-

2. Nous y reviendrons dans les annexes du présent fascicule, qui présentent quelques études de cas, et surtout dans les fascicules II et III.

3. On trouvera une histoire de l'édition des textes français médiévaux sous la plume de Mary B. Speer, « Old French Literature », dans *Scholarly editing, a guide to research*, ed. by D. C. Greetham, New York, 1995, p. 382-416, et, pour une période plus restreinte, sous celle de Gilles Roques, « L'édition des textes français entre les deux guerres », dans *Histoire de la langue française, 1914-1945*, sous la direction de Gérald Antoine et Robert Martin, Paris, 1995, p. 993-1000.

4. On peut citer, parmi les plus récents et les plus fructueux, *Les problèmes posés par l'édition critique des textes anciens et médiévaux*, éd. Jacqueline Hamesse, Louvain-la-Neuve, 1992 (*Textes, études, congrès*, 13), qui comprend une mise au point sur les éditions de textes en langue romane par Pascale Bourgain, « L'édition des textes vernaculaires » (p. 427-448), et

tique à la date de 1992 dans un article de Pascale Bourgain[5]. Pour les textes français et occitans, des régles pratiques destinées aux éditeurs de textes de la *Société des anciens textes français* ont été publiées dès 1909 par Paul Meyer[6]. Elles ont été développées par Mario Roques à l'intention des collaborateurs de la collection des *Classiques français du Moyen Âge* et adoptées lors du congrès des romanistes tenu à Paris en 1925[7]. Elles ont été commentées par Clovis Brunel à l'intention des éditeurs de textes de la Société de l'histoire de France[8]. Plus récemment, elles ont été explicitées et illustrées d'exemples, sans avoir été remises en cause, par Alfred Foulet et Mary Speer[9].

Les éditeurs de sources documentaires se sont, de leur côté, très longtemps contentés, dans le plus parfait pragmatisme, de s'abreuver aux réflexions des philologues (à tout le moins de suivre l'esprit du temps) et de reproduire, puis d'affiner des traditions, dont l'empreinte nationale, guidée par les réalisations de quelques collections phare (*Monumenta Germaniae historica* en Allemagne, *Fonti per la storia d'Italia* pour l'Italie, *Chartes et diplômes* publiés en France par l'Académie des inscriptions et belles-lettres...), est encore manifeste aujourd'hui, au point que le débat ne parvient guère à dépasser les frontières et s'ouvre à peine à des formulations théoriques. Pour ce qui est des normes pratiques de transcription et de présentation des éditions « papier », il a fallu attendre les années 1970 pour que la Commission internationale de diplomatique reprenne la base de réflexion offerte en Italie par Alessandro Pratesi[10] et en France par Ro-

---

Alte und neue Philologie, hrsg. von Martin-Dietrich Glessgen und Franz Lebsanft, Tübingen, 1997 (*Beihefte zu Editio*), en particulier Philippe Ménard, « Réflexions sur la "nouvelle philologie" » (p. 19-33).

5. « Sur l'édition des textes littéraires latins médiévaux », dans *Bibliothèque de l'École des chartes*, t. 150, 1992, p. 5-49. Voir aussi Union Académique internationale, *Emploi des signes diacritiques dans les textes savants grecs et latins, Conseils et recommandations*, 1e éd. 1932 par J. Bidez et E. A. Drachmann ; 2e éd. 1938, par A. Delatte et A. Severijns.

6. « Instructions pour la publication des anciens textes », dans *Bulletin de la Société des anciens textes français*, 1909, p. 64-79, et tiré à part, Le Puy, 1910 ; le texte en a été également reproduit dans *Bibliothèque de l'École des chartes*, t. 71, 1910, p. 224-233.

7. « Réunion des romanistes à Paris, 18-19 décembre 1925 », dans *Romania*, t. 52, 1926, p. 243-249 ; publié aussi dans *Bibliothèque de l'École des chartes*, t. 87, 1926, p. 454-459.

8. « À propos de l'édition de nos textes français du Moyen Âge », dans *Bulletin de la Société de l'Histoire de France*, 1941-1942, p. 67-74.

9. *On editing old French texts*, Lawrence, 1979. La première partie (« A historical orientation ») est une histoire de l'édition des textes en français, la seconde (« Preparing the text ») concerne les problèmes pratiques de l'édition des textes en français médiéval.

10. « Una questione di metodo : l'edizione delle fonti documentarie », dans *Rassegna degli Archivi di Stato*, t. 17, 1957, p. 312-333.

bert-Henri Bautier pour le compte du Comité des travaux historiques et scientifiques[11]. Les prescriptions, dégagées au cours de plusieurs réunions internationales, firent l'objet d'une préédition, de diffusion limitée[12], accompagnées d'un « Vocabulaire international de la diplomatique », que la Commission a finalement décidé de publier seul, dans une version augmentée, en 1994, laissant pour l'heure à chaque pays le soin de poursuivre ou d'amender ses propres traditions en matière d'édition[13].

Les réflexions sont donc inégalement avancées. Les avis divergent sur un certain nombre de points, dont certains suscitent des polémiques qui ne sont pas toujours proportionnelles à l'importance de leur enjeu et que nous n'entendons pas recenser. Il reste que, avant de nous livrer à l'examen pratique des techniques d'édition, nous estimons utile d'expliciter notre sentiment profond, notre « credo » si l'on peut dire.

Pour nous, l'édition est d'abord et toujours un travail pleinement historique, qui doit prendre parti, dans les limites de la prudence et des connaissances, et en indiquant clairement les choix de l'éditeur ; un travail aussi qui se doit de fournir des textes directement utilisables par leurs lecteurs et donc pleinement intelligibles. De là découlent deux conséquences :

Il est impossible en divers cas de dégager des règles uniques, car il faut adapter celles-ci au document (à sa rareté, à son ancienneté relative, à son état de conservation) et à l'utilisateur visé : une édition « courante » où l'historien ira puiser les éléments qui l'intéressent, une transcription à but paléographique ou pédagogique, une édition « de recherche » qui accompagnera l'étude plus spéciale des faits de langue, des caractères externes du document...

Quoique réticents à manier à notre tour l'anathème, nous disons fortement notre défiance à l'égard des éditions qui proposent la reproduction, prétendument fidèle, de tous les caractères des textes médiévaux, celles

11. Normes de publication proposées aux sociétés savantes : éditions multigraphiées en 1960 et 1970, reprises dans R.-H. Bautier, « Normalisation internationale des méthodes de publication des documents latins du Moyen Âge » [2e éd.], dans *Bulletin philologique et historique*, 1976, p. 9-54.

12. « Normes internationales pour l'édition des documents médiévaux », dans *Travaux préliminaires de la Commission internationale de diplomatique*, Saragosse, 1984 [*Folia Caesaraugustana*, 1], p. 21-93.

13. C'est avec l'accord bienveillant de la Commission de diplomatique que nous avons repris dans les fascicules I et II ce qui, dans cette mise au point, précieuse mais difficile d'accès, relevait des travaux préparatoires de R.-H. Bautier, élaborés dans la double cadre de son activité au Comité des travaux historiques et scientifiques et de son enseignement à l'École des chartes. Nous revendiquons de notre seule responsabilité additions et modifications.

qui par exemple tentent de reproduire l'alternance de « s » longs et de « s » finaux ou qui pensent donner à lire à leurs utilisateurs des éditions plus « authentiques » parce qu'elles reproduisent les signes abréviatifs, les coupures, la ponctuation, la distribution des majuscules d'un original.

Il faut s'entendre : quelques chercheurs, accompagnant la marche conquérante de la codicologie et entrevoyant l'intérêt d'une analyse des « lectures » médiévales, ont, enfin, montré toute l'importance d'une étude spécifique des usages médiévaux de présentation du texte. Les pratiques en matière d'abréviation, de ponctuation, de coupure des mots ne sont pas seulement des auxiliaires trop négligés de la critique, de l'identification des mains ; elles constituent des voies royales pour pénétrer les procédures d'appréhension du texte et de la communication[14]. Découvrir cela et promouvoir des études de ce genre, les mener systématiquement lorsque l'on édite un texte médiéval, produire à l'appui de ces enquêtes des éditions « de recherche », qui donnent à lire un manuscrit ou des actes tels que leur auteur ou leur scripteur a voulu les voir présenter matériellement[15], est une chose. Appliquer inconsidérément les usages de l'édition « imitative »[16] à toute édition — originaux et copies, textes littéraires et diplomatiques de

14. Voir par exemple, pour la ponctuation, Céline Barbance, « La ponctuation médiévale : quelques remarques sur cinq manuscrits du début du XVe siècle », dans *Romania*, t. 113, 1992-1995, p. 504-527, et Michel Parisse, « Remarques sur la ponctuation des chartes lorraines au XIIe siècle », dans *Archiv für Diplomatik*, t. 23, 1977, p. 11-29. Pour la segmentation des mots, Nelly Andrieux-Reix et Simone Monsonégo, « Écrire des phrases au Moyen Âge, matériaux et premières réflexions pour une étude des segments graphiques observés dans des manuscrits français médiévaux », dans *Romania*, t. 115, 1997, p. 289-336. Pour prendre un autre exemple, l'étude collective menée des pratiques du copiste du cartulaire des Prémontrés de Saint-Yved de Braine (*Le chartrier de l'abbaye prémontrée de Saint-Yved de Braine* édité par les élèves de l'École nationale des chartes, dir. O. Guyotjeannin, Paris, 2000 [*Mémoires et documents de l'École de chartes*, 49]) a montré que celui-ci avait un système de ponctuation ferme, qu'il suivait à la fois dans le cartulaire et les actes originaux qu'il avait écrits auparavant, mais que par ailleurs son usage des abréviations variait d'un genre à l'autre : les abréviations sont nettement plus rares et moins drastiques dans le cartulaire, document de gestion qui doit être lu plus aisément.

15. Dans le domaine diplomatique, voir les recherches en cours de Martin-Dietrich Gleßgen sur les plus anciennes chartes en langue française de la région lorraine, qui montrent que les usages en matière de ponctuation révèlent des différences très importantes d'un bureau d'écriture à l'autre, comme avec les usages suivis par les actes latins.

16. Autrement dit l'édition qui tente de reproduire toutes les caractéristiques formelles de graphie du manuscrit. On a longtemps persisté (et l'on persiste parfois encore) à utiliser, pour cette pratique, le terme d'« édition diplomatique », en vogue dans l'ancienne philologie, et qui nous semble des plus malheureuses pour la confusion qu'elle introduit avec une édition « de texte diplomatique ».

toutes époques et de toutes provenances confondus —, au motif que l'on accumulera ainsi des matériaux utiles à l'histoire des systèmes graphiques et des lectures médiévales, repose, à notre sens, sur la conjonction d'une paresse (le refus de prendre parti) et d'une illusion (celle d'un « rendu » optimal et objectif des textes édités). Nous sommes de plus convaincus que les potentialités ouvertes par la mise à disposition de bases textuelles informatisées et de corpus numérisés permettront très vite de dépasser le dilemme, en juxtaposant commodément plusieurs moyens de prendre connaissance des textes médiévaux : aspect physique des manuscrits et des actes originaux, éditions de travail, éditions accessibles à la lecture courante...

Pour nous, l'édition, en règle générale, disons l'édition « courante », par opposition à des éditions « de recherche », n'est pas une reproduction — car la reproduction devra toujours recourir à des conventions si elle se veut distincte d'une photographie —, mais une interprétation, au sens musical du terme. De fait, le débat parfois vif qui oppose les tenants d'une généralisation de l'édition imitative à la position que nous allons développer rappelle les controverses qui ont agité la musicologie : la « reconstitution » de pièces avec des instruments et des effectifs d'époque a eu l'incomparable avantage de faire saisir la radicale altérité de la perception de la musique d'un siècle à l'autre ; mais la chimère d'une reproduction à l'identique butte sur des barrières impossibles à franchir. Une cantate de Bach exécutée avec des violons d'époque et un jeune garçon à la place de la soprane, mais dans un auditorium climatisé plutôt que dans une église glaciale éclairée aux bougies, ne sera jamais une reproduction, elle restera une (ré)interprétation. L'éditeur, lui aussi, (ré)interprète ; il tranche des points douteux (et d'ailleurs baisse parfois les bras) ; il donne à lire une nouvelle version de l'œuvre ou de l'acte, à un public dont il faut espérer qu'il dépassera le cercle des spécialistes partageant ses intérêts propres, eux-mêmes « datés » par l'état de la science. Jamais il ne pourra se substituer au manuscrit, au feuillet de parchemin, à ce qu'il entrouve sur la perception des lettres et des mots, des inflexions et des pauses d'une lecture.

Nous voudrions ne prendre qu'un seul exemple, celui des ponctuations médiévales. Celles-ci, comme la nôtre, comme les notes de musique, ne font jamais que disposer un certain nombre de repères, hautement conventionnels, plus ou moins pratiques, éminemment variables dans le temps et l'espace, mais qui s'épuisent elles aussi à tout indiquer de la façon de lire et de comprendre un texte. Par la mobilité des mots dans la phrase, le latin (mais c'est vrai aussi en partie pour l'ancien français ou l'ancien occitan) est en effet une langue spécialement apte à créer des ambiguïtés, qu'il faut lever par la ponctuation. Les hommes du Moyen Âge en étaient déjà conscients, qui ont largement alimenté la circulation d'historiettes montrant le caractère convenu et les insuffisances des signes de ponctuation ; plusieurs récits ont leur ressort dans la possibilité de doute sur le sens, aggravée d'ailleurs par la ponctuation minimale des manuscrits, comme par la faiblesse des règles d'emploi des majuscules voire de coupure des mots.

Au IXe siècle, Remi d'Auxerre rapporte ainsi l'histoire d'une conjuration contre Charlemagne où, les traîtres devant s'engager par écrit, le plus astucieux écrivit « *Etsi omnes recesserint, ego autem non hic stabo* » (« Si tout le monde quitte le roi, moi non plus je ne resterai pas à ses côtés »). La conjuration découverte, comme on lisait son engagement devant le roi pour le confondre, il se défendit en disant que c'était mal ponctué et qu'il avait voulu dire : « *Etsi omnes recesserint, ego autem non ; hic stabo* » (« Si tout le monde quitte le roi, moi pas ; je resterai à ses côtés »)[17]. Le même type d'énoncé ambigu est illustré, quelques siècles plus tard, par le maître de rhétorique italien Boncompagno dans sa *Rhetorica novissima*, au chapitre VII, III, *De amphibologia*[18], à propos de la reine de Jerusalem : « *Reginam occidere bonum est, timere nolite, et si omnes concesserint ego non contradico* », texte compromettant pour son auteur, que le pape Innocent III aurait transformé : « *Reginam occidere bonum est. Timere nolite. Etsi omnes consenserint, ego non ; contradico* ». Un écho s'en retrouve encore en plein XVIIe siècle[19].

Quand elle existe, la ponctuation médiévale doit être étudiée comme un système. Dans le détail, elle peut aussi aider à mieux pénétrer le sens d'un passage, en rapprochant deux mots que l'on aurait séparé à la construc-

17. Yves-François Riou et Colette Jeudy, « Tradition textuelle et commentaire des auteurs classiques latins conservés dans les manuscrits de la Bibliothèque vaticane », dans *La cultura antica nell'Occidenre latino dal VII all'XI secolo*, 18-24 aprile 1974, Spolète, 1975, 2 vol. (*Settimane di studio del Centrio italiano di studi sull'alto medioevo*, XXII), t. I, p. 179-229, part. p. 227.

18. Éd. A. Gaudenzi, *Biblioteca iuridica Medii Ævi*, t. II, Bologne, 1892, p. 2 (cité par Y.-F. Riou et C. Jeudy, *op. cit.*, p. 227).

19. Lorsque le Parlement anglais a voté sur la mort de Charles Ier, l'archevêque de Canterbury, méfiant, aurait ainsi libellé son vote : « *Si consentiunt omnes, ego non dissentio* ». En 1680, lors de la Restauration, Charles II poursuivant les régicides, l'archevêque aurait soudoyé un greffier pour qu'il corrigeât le registre des procès-verbaux du Parlement en ajoutant un point : « *Si consentiunt omnes, ego non. dissentio* ». L'anecdote est citée par Jacques Pycke, *La critique historique*, Louvain-la-Neuve, 1992, p. 90.

tion de la phrase, en permettant de distinguer des lieux ou des personnages quand les systèmes onomastiques deviennent plus complexes, plus largement aussi en laissant apercevoir le découpage des unités et la nature ou l'intensité des pauses qui les séparent.

Voici un acte impérial de l'an mil[20]. Contrairement à la ponctuation imposée par l'éditeur du XIXe siècle, la prise en compte de la ponctuation de l'original permet, comme l'a montré Peter Rück, de « faire avancer la compréhension intime du sens et de la genèse du document, mais encore [d'] éviter de véritables erreurs d'interprétation : pour ne prendre que deux exemples, il n'est pas indifférent que le scribe, comme dans la plupart des originaux de l'époque, ne place aucun signe de ponctuation entre l'invocation verbale et le nom du souverain, qui suit celle-ci dans une même coulée, alors que la diplomatique classique en fait deux "parties du discours" bien distinctes ; par ailleurs, faute d'avoir considéré la ponctuation dans la formule de pertinence, T. Sickel a édité un incompréhensible "silvis forestatis", alors qu'il faut éditer, en suivant la ponctuation d'origine, "silvis, forestatis" (terrains, boisés ou non, reservés au fisc royal) »[21].

Cela ne signifie pas pour autant que toute la ponctuation de l'acte d'origine soit elle-même parfaitement et toujours signifiante.

Voici comment, dans le même acte impérial, le scripteur découpe l'ensemble de la formule de pertinence (chaque élément de ponctuation ici rendu par une virgule) : « *cum omnibus pertinentiis, utensilibus possessionibus, servis seu ancillis, litoribus, tributariis, familiis, ęclaesiis, opidis, arbustis, lucis, areis aedificiis utriusque sexus mancipiis, agris pratis campis pascuis silvis, forestatis, venationibus, bannis, aquis aquarumque decursib[us], molendinis, piscationibus, tam quęsitis quam inquirendis, viis et inviis exitibus seu reditibus, caeterisque omnibus quę adhuc dici aut inveniri possint* (...) ». Des divisions et regroupements sont suggérés, mais sans système : la ponctuation ancienne, autant que la moderne, s'épuise à rendre compte d'une savante architecture juridico-lexicographique et des sauts de la pensée.

On en conçoit du coup quelque doute sur les avantages d'une repro-

20. Exemple fourni par Peter Rück, « Privilège d'Otton III pour l'église de Wurzbourg », dans *Autour de Gerbert d'Aurillac, le pape de l'an mil*, album de documents commentés réunis sous la dir. d'O. Guyotjeannin et Emmanuel Poulle, Paris, 1996 (*Matériaux pour l'Histoire publiés par l'École des chartes*, 1) n° 14, p. 88-97, avec deux types d'édition, une édition « courante » et une édition imitative, qui reprennent et complètent l'ancienne édition de Theodor Sickel, *Die Urkunden Otto des III.*, Hanovre, 1893 (*M.G.H., Diplomata regum et imperatorum Germaniae*, II-2), n° 361, p. 790-791.

21. P. Rück, *ibid.*, p. 97.

duction « imitative » autrement que pour analyser les lectures médiévales[22]. D'autant qu'elle devra elle-même créer des conventions de reproduction des ponctuations d'origine, et sera bien obligée d'opérer des tris. Plus elle sera « imitative », plus le texte sera hérissé de signes diacritiques variés, qui épuiseront le lecteur comme ils s'épuiseront à rendre les nuances et la complexité des paramètres, dont une étude ultérieure montrera à son tour l'intérêt. En somme, elle n'offrira jamais l'« authenticité » qu'elle prétend mettre dans la reproduction.

Faut-il ajouter que la ponctuation médiévale peut être absente, et que l'éditeur, s'il veut vraiment accomplir le travail historique d'interprétation qui est de son devoir, doit alors la préciser ?

Voici un autre exemple : il s'agit toujours d'un acte royal, et de la même époque que le précédent[23]. Ce diplôme de 951 accède à la requête de l'évêque Étienne de Clermont, qui « a respectueusement demandé que certains biens, sis dans le *pagus* d'Auvergne, que le défunt comte Acfred, qui les détenait en droit héréditaire, avait donnés à Dieu et à ses saints pour le salut de son âme et de celles de ses parents, pour que l'on y édifie la règle de saint Benoît, nous daignions les confirmer au monastère de Cluny et à son abbé par notre précepte royal », soit, avec la ponctuation d'époque, « (...) *episcopus . reverenter expetiit . quatenus quasdam res . quas Acfredus quondam comes ex suę proprietatis jure in pago Arvernensi . ob animae suae remedium ac parentorum suorum Deo ac sanctis ejus contulerat . pro regula sancti Benedicti inibi construenda . Cluniensi monasterio ac abbati ipsius . nostrae regalitatis praecepto easdem res confirmare dignaremur . quod et fecimus* (...) ».

Le passage clef, « *pro regula sancti Benedicti inibi construenda* » (« pour que l'on y édifie la règle de saint Benoît ») peut s'entendre de deux façons, opposées même, selon qu'il est rapporté aux mots qui précèdent (donc à la donation

22. Un magnifique exemple de l'intérêt heuristique d'une édition « d'étude », qui ravit le diplomatiste et le linguiste autant qu'elle décourage la lecture courante, a été donné par le même Peter Rück, dans une très profonde réflexion, « Reproduktion, Edition, Regest : Techniken und Ideologien » [« Fünf Vorlesungen für Studenten der École des chartes », II], dans *Arbeiten aus dem Marburger hilfswissenschaftent Institut*, hrsg. von Erika Eisenlohr und Peter Worm, Marburg, 2000 (*Elementa diplomatica*, 8), p. 261-274, spéc. p. 266-271.

23. Philippe Buc, « Les débuts de Sauxillanges : à propos d'un acte de 927 », dans *Bibliothèque de l'École des chartes*, t. 156, 1998, p. 537-545, aux p. 541-542 : diplôme royal du 3 février 951, conservé en original (Bibl. nat. de Fr., Bourgogne 76, pièce 27) ; éd. Philippe Lauer, *Recueil des actes de Louis IV, roi de France, 936-954*, Paris, 1914 (*Chartes et diplômes*), p. 88, l. 6-14 ; transcription et fac-similé dans *Les plus anciens documents originaux de l'abbaye de Cluny*, publiés par Hartmut Atsma et Jean Vezin, avec la coll. de Sébastien Barret, Turnhout, 1997 (*Monumenta palaeographica medii aevi, Series Gallica*), t. I, n° 25, p. 106-109 ; la ponctuation a été vérifiée sur l'original.

primitive d'Acfred), ou aux mots qui suivent (donc à l'intervention de l'évêque et du roi) : dans un cas, le rattachement à une observance bénédictine de filon clunisien serait de fondation (927), dans l'autre il serait le résultat d'une réforme promue par l'évêque et sanctionnée par le roi (951). La différence n'est pas mince pour l'historien, et c'est à lui de trancher. Le dernier à étudier le texte, Philippe Buc, a plaidé, sur la base d'autres arguments, extérieurs, en faveur de la seconde solution. La décision prise, l'éditeur doit donc ponctuer plus clairement que le scribe de 951 : « (...) *episcopus reverenter expetiit quatenus quasdam res, quas Acfredus quondam comes ex suę proprietatis jure in pago Arvernensi ob animae suae remedium ac parentorum suorum Deo ac sanctis ejus contulerat, pro regula sancti Benedicti inibi construenda Cluniensi monasterio ac abbati ipsius nostrae regalitatis praecepto easdem res confirmare dignaremur. Quod et fecimus* (...) ».

Nous pensons que des constatations du même ordre s'appliquent sans peine à l'usage que les scripteurs médiévaux font des majuscules, des coupures de mot, des systèmes abréviatifs.

En bref, dans le domaine des éditions « courantes » publiées de façon traditionnelle, c'est dans l'habileté à concilier les principes, parfois contradictoires, de respect du texte et des facilités procurées au lecteur, dans l'ingéniosité et l'économie des conventions adoptées et dans leur adaptation au texte concerné et au public visé que l'éditeur fera ses preuves. L'éditeur doit en effet toujours prendre en compte la nature et la tradition du texte, mais aussi la finalité de l'édition et les intérêts de ses lecteurs : il ne traitera pas de la même façon un original du haut Moyen Âge, ou le témoin rare d'un état ancien de la langue, et un acte routinier de la fin du Moyen Âge. Une fois ses décisions prises, il doit les appliquer avec cohérence et mettre le lecteur en état de juger de la méthode suivie : il ne devra jamais hésiter à exposer et justifier en note, et éventuellement dans l'introduction, les choix opérés. C'est ainsi qu'il trouvera le profit intellectuel, pourquoi pas le plaisir, qui accompagnent immanquablement le travail d'édition compris comme un secteur à part entière du travail de l'historien, dans son effort toujours limité et toujours recommencé de mise en lumière du passé.

Olivier Guyotjeannin
Françoise Vielliard

AVERTISSEMENT

Les règles ou suggestions proposées ici sont applicables à l'édition des textes médiévaux et modernes jusqu'à la fin du XVIe siècle[1] écrits en latin, français, francoprovençal et occitan. Ces propositions ne sauraient se substituer aux normes, parfois divergentes, qui sont imposées par certaines collections (*Chartes et diplômes, Documents linguistiques de la France*[2] etc.).

Par convention de langage, nous entendrons :

- par « sources documentaires » l'ensemble des documents issus des chartriers médiévaux, en distinguant en leur sein d'une part les « actes », objets stricts de la diplomatique, d'autre part les « documents d'archives », élaborés dans une optique de gestion, qu'ils soient ou non pourvus d'une validation diplomatique ;
- par « textes littéraires » toutes les autres créations, des plus ludiques aux plus pratiques (sermons, littérature épistolaire...).

La plupart des points abordés sont illustrés d'exemples, imprimés entre guillemets : nous avons jugé utile de ne donner leurs références que lorsqu'ils étaient longs ou spécialement curieux ou rares. Quelques sources ou éditions anciennes sont reproduites en annexe à titre d'exemple commenté. Lorsque, pour un mot ou une phrase dont le sens peut poser problème, une traduction en français moderne a été donnée, elle est présentée entre parenthèses et précédée du signe =.

---

1. Voir *L'édition des textes anciens. XVIe-XVIIIe siècle*, 2e édition, ouvrage établi sous la direction de Bernard Barbiche et Monique Chatenet..., Paris, 1993 (*Documents et méthodes*, 1), part. p. 15-30, Bernard Barbiche, *Conseils pour l'édition des documents de l'époque moderne*.

2. Cf. l'avant-propos de Jacques Monfrin à *Documents linguistiques de la France, Série française*, t. I, *Haute-Marne,* par Jean-Gabriel Gigot, Paris, 1974, p. LXIII-LXX, et les précisions apportées dans son avant-propos du t. II, *Vosges*, par Jean Lanher, Paris, 1975.

Nous avons distingué graphèmes et phonèmes en imprimant entre guillemets les graphèmes et, selon l'habitude, les phonèmes entre crochets droits. L'alphabet phonétique utilisé est l'alphabet des romanistes, auquel ont été apportées les modifications suivantes, destinées à rendre plus directement perceptible la lecture des différents phonèmes gallo-romans transcrits par les scribes médiévaux au moyen de la lettre « e » : [e] tonique, qu'il soit ouvert ou fermé est distingué de [e central] « articulé dans la région centrale de la cavité buccale et non arrondi, semblable à l' e final de l'allemand Gabe »[3]; et au moyen de la lettre « o » : [o ouvert] comme dans le français « pot » est distingué de [o fermé] comme dans le français « pomme ». Lorsqu'il a été nécessaire de faire figurer un etymon, il est présenté selon les conventions habituelles, en petites capitales et précédé du signe <. Pour ne pas créer d'ambiguïté entre l'accent, signe diacritique utilisé dans l'édition, et l'accent tonique du mot, lorsqu'il a été nécessaire d'indiquer sur un mot la place de l'accent tonique, la voyelle qui le porte a été imprimée en gras : ex. cel**é**s < CELATOS.

3. Henri Bonnard, *Synopsis de phonétique historique*, Paris, 5e éd., 1972, p. 8.

GRAPHIES

1. Généralités

a. La graphie d'un **document original** ou d'un **texte autographe** doit dans tous les cas être respectée. Si une forme est de nature à provoquer un étonnement justifié, une note de l'apparat indique le fait et mentionne éventuellement l'interprétation de l'éditeur (une proposition de correction ne sera jamais faite dans le texte). On évitera de couper le texte par des interventions du type *(sic)*.

Ex. : « ... in domo nostra Parrisius [a)] ... »

a. *Sic*. [Pour signaler au lecteur que la bizarrerie n'est pas le fait de l'éditeur.]

« ... in domo vestra [a)] Parisius ... »

a. *Sic, corriger* [ou] *comprendre* nostra. [Si le texte prouve par ailleurs qu'il s'agit d'une erreur.]

« ... in [a)] nostra Parisius ... »

a. *Sic, suppléer un mot du type* domo. [S'il y a une lacune manifeste.]

Si les irrégularités sont très nombreuses (latin tardif, latin des chartes méridionales du xe ou du xie siècle...), on pourra les signaler en avant-propos, en ne mentionnant en note que celles qui sont exceptionnelles ou qui risquent d'engendrer une confusion.

b. Si l'on ne dispose que de copies, on choisira la copie qui fait autorité, celle qui apparaît la plus vraisemblable, la plus conforme à l'original perdu, compte tenu des habitudes de la région, de l'époque, voire de l'auteur, et on suivra ses graphies. On peut alors corriger le texte : il faut signaler l'intervention de l'éditeur et la leçon d'origine dans l'apparat. Si l'on ne dispose que de copies également dignes de foi mais discordantes, il est préférable de choisir systématiquement les graphies de l'une d'elles. Le caractère arbitraire de ce principe est, en tout état de cause, contrebalancé par la sécurité que représente l'indication, dans l'apparat critique, des variantes des autres copies utiles.

2. Lacunes

Lorsque la lacune est minime, et la restitution évidente, celle-ci est introduite entre crochets carrés. Dans les cas où une copie ancienne permet de reconstituer les passages altérés, on les rétablit également entre crochets carrés, la source utilisée devant être indiquée en note. Lorsqu'il n'y a aucun moyen de combler la lacune avec certitude, on en marque la place par trois points de suspension, toujours entre crochets carrés.

3. Graphies latines « ae », « oe », « e », « ȩ »

Les graphies latines « ae », « oe », « e » ont été très tôt confondues au Moyen Âge, la forme « e » tendant progressivement à l'emporter. La restitution, par l'éditeur, des diphtongues serait anachronique pour un texte postérieur au XIIe siècle. Cet « e », a valeur – réelle ou supposée – de diphtongue, a été souvent, du IXe au XIIe siècle, pourvu d'une cédille (qui représente le glissement sous la ligne du « a » lié à l'« e »).

a. Dans le cas où l'on édite un original, un autographe, une copie ancienne unique ou des copies concordantes, on respecte strictement les graphies du texte. Comme les claviers usuels sont dépourvus du signe « e cédillé », on peut selon les cas utiliser une commande de superposition de caractères (superposition de « e » et de « ç »), ou une police de caractères spéciale (par ex. European Times qui dispose d'un caractère special « cédille » se positionnant automatiquement sous la lettre qui précède). En typographie, il est possible de demander l'impression d'un « ȩ ». On peut, à défaut, distinguer arbitrairement « ae » et « æ », en affectant par exemple ce dernier signe au « e cédillé », à condition que le manuscrit ou les originaux édités ne présentent jamais la graphie « æ » (dans les cas où elle est utilisée, elle doit être reproduite) ; ou, au pis, toujours imprimer « ae ». Il convient bien sûr, dans tous les cas, d'en prévenir le lecteur.

b. On n'oubliera cependant pas que les érudits des XVIIe et XVIIIe siècles, par hypercorrection, ont multiplié à plaisir les graphies « ae » et « oe » même là où l'original ne portait que « e ». Si donc, d'un original perdu, on a une copie dans un cartulaire médiéval et une copie d'érudit moderne, il vaut mieux suivre les usages du cartulaire.

c. Certains scripteurs, abrégeant les groupes « prę » (pour « prae ») et « quę » (pour « quae »), peuvent avoir affecté la cédille au « p » ou au « q » surmontés du signe d'abréviation. En résolvant l'abréviation, il faut restituer la cédille à l' « e ». Cette particularité paléographique doit être indiquée en introduction.

4. Consonnes cédillées

Dans tous les cas où le scripteur utilise lui-même la cédille sous une consonne, les graphies doivent être transcrites avec soin, compte tenu de leur valeur phonétique particulière et de leur intérêt pour les philologues. La cédille est à l'origine un « z » (espagnol « cedilla » = « petit z »), qui a glissé sous la consonne à laquelle il était accolé. Le phénomène concerne de nombreux textes écrits dans l'Europe méridionale, en latin, parfois en occitan, souvent en catalan, castillan, italien et franco-italien. La cédille peut y être affectée au « c », mais aussi au « d », au « s ». En cas d'impossibilité technique de reproduction du « d » et du « s » cédillés (voir ci-dessus § **3.a**), on signalera soigneusement le phénomène en introduction.

5. Distinction de « i » et de « j »

a. Consonne « j » en latin et français. La tradition, chez les éditeurs français de textes latins et de textes français, est de se modeler sur les usages du français contemporain. Autrement dit, on transcrit par « j » la lettre « i » ayant valeur de consonne indépendamment de la graphie (« i » court, long ou plongeant) employée par le scripteur[1].

Ex. : « Johannes » (et non « Iohannes »), « interjecta » (et non « interiecta ») ; mais « massarius », « pii », etc. De même en français : « jeu » (et non « ieu »), « jugier », etc.

1. L'intérêt de la graphie « j » est de rapprocher la graphie de la prononciation effective et de permettre d'identifier le mot en cas de flottement graphique. Mais cet avantage peut disparaître dans des systèmes graphiques où « j » a une valeur différente. Les habitudes nationales peuvent donc imposer des règles différentes : en Espagne, par exemple, les éditeurs respectent scrupuleusement les différences de graphies entre « i » et « j » jusque vers 950. La pratique allemande, anglaise et italienne est, le plus souvent, de toujours transcrire « i ».

Il faut donc tenir compte de la nature du phonème correspondant à la graphie - « i » -. On distingue ainsi « majeur » (= majeur) et « maieur » (= maire), mais toujours « major » en latin ; « Maiolus » (= l'abbé Mayeul) et « majolica » (= majolique).

On doit proscrire la transcription en « j » du « i » plongeant en fin de mot, cette dernière forme étant purement graphique : « remedii » (et non « remedij ») ; de même, pour les chiffres romains, « XVIII » (et non « xviij »).

b. Dans les **textes occitans,** la valeur de la lettre « i » est incertaine : elle peut, comme en français, noter une voyelle ou une consonne. L'interprétation diffère selon les régions et les dates et doit être fondée sur une étude du système graphique du document ; en cas de doute, il est conseillé de respecter la graphie du document en conservant « i ».

Ex. : voir les problèmes posés par les graphies « cuian » (6), « maie » (23) du scripteur A et « comiat » (1) et « maier » (13) du scripteur B dans le document 1 de l'annexe 3 (p. 146) et les solutions proposées pour les résoudre.

6. Emploi de « y »

Dans les textes **latins**, « y » peut remplacer « ii » final : il ne s'agit que d'une graphie et on restitue « ii » : « remedii » (et non « remedy »), mais il peut aussi avoir valeur de « i » : dans ce dernier cas, on doit le conserver.

Dans les textes **français**, « y » a été très employé à la fin du Moyen Âge généralement avec valeur de « i » ; il doit être conservé.

Ex. : « Et dit que pour ce qu'il avoit gairy messire Guillaume de Sens... », registre du parlement civil, Arch. nat., X 1A 4793, fol. 348 v [23 novembre 1423][2].

Dans les textes **occitans** dans lesquels « y » est employé, il a valeur de « i » et doit être conservé.

Ex. : Archives des Pyrénées-Atlantiques, E 272, daté de 1346 : « ab los murs qui yssen... ayssi cum es en lonc de la carreyra... »

2. Laurent Garrigues, « Les professions médicales à Paris au début du xve siècle : praticiens et procès au parlement », dans *Bibliothèque de l'Ecole des chartes*, t. 156, 1998, p. 317-367, à la p. 351.

7. Distinction de « u » et « v »

a. En **latin**, on transcrit par « v » le « u » ayant valeur de consonne, indépendamment de la graphie (le plus souvent « v » initial, « u » médian) employée par le scripteur ; dans certaines écritures à partir du XIIIe siècle, le flottement de la graphie -um/-vm montre d'ailleurs que la variante de forme n'a aucune valeur ni phonétique, ni même idéogrammatique.

Ex. : « Evangelia » (et non « Euangelia »), « parva » (et non « parua »).

b. En **français**, un doute peut exister sur la valeur, consonantique ou vocalique, de la graphie « u ». En onomastique, l'aboutissement phonétique du nom peut donner des indications : la graphie « laurechines » doit être transcrite « Lavrechines » si elle correspond à l'actuelle localité de Laversines (Oise, cant. Nivillers) ; de même face à une graphie « mehun sur eure » (acte royal de 1452, Arch. nat., JJ 181, fol. 105 ; comme dans le formulaire d'Odart Morchesne, 1427, BNF fr. 5024, fol. 185v), la transcription « Mehun sur Evre » s'impose (auj. Mehun-sur-Yèvre). Si le doute subsiste, on maintiendra « u ».

Pour les formes verbales, en particulier pour les futurs et les formes en *-roie* des verbes « avoir » et « savoir », on imprime généralement « v » pour les textes d'ancien français et « u » pour les textes de moyen français[3].

Ex. : « avra, », « savroit » dans un texte du XIIe siècle, mais « aura », « sauroit » au XVe siècle.

Quelle que soit l'époque, le scripteur peut avoir fourni les moyens d'établir la doctrine : des graphies « ora » alternant avec « aura » orientent vers une interprétation « aura » ; inversement des graphies « auera » alternant avec des graphies « aura » orientent vers une interprétation « avra ».

c. En **occitan**, il faut être particulièrement attentif au graphème « ur » qui met en jeu l'évolution proprement occitane du groupe [br] intervocalique latin et dont témoignent les anthroponymes Favre et Faure, remontant tous deux à FABER. En occitan [br] intervocalique, primaire ou secondaire, évolue en [wr] dans lequel [w], noté « u », entre dans la formation d'une diphtongue de coalescence avec la voyelle qui précède ; il faut donc transcrire « beure » < BIBERE, » escriure » <SCRIBERE, « liurar » < LIBERARE...

3. A. T. Baker, « Le futur des verbes avoir et savoir », dans *Romania*, t. 63, 1937, p.1-30.

d. Dans les textes **gascons**, la lettre « u », employée à l'initiale ou en milieu de mot, peut noter la constrictive bilabiale [ß] qui est parfois notée aussi par la lettre « b ». Il faut soumettre le document à un examen paléographique et philologique serré avant de prendre une décision et l'expliciter dans l'introduction.

8. Distinction de « uu » et « w »

a. Dans un texte **latin**, la graphie « uu » doit être transcrite « w » dans les cas où, employée devant voyelle, elle représente la semi-consonne labiale vélaire [w], notamment dans les mots d'origine germanique. Sinon elle doit être transcrite, selon les cas, « vu », « uv », ou « uu ».

Ex. : « wadium » (et non « uuadium », pas plus que « vuadium »), Wido (et non « Uuido » ni « Vuido »). Mais « vulgaris », « Vulfardus » ; « euvangelium » (et non « ewangelium ») ; « equus ».

Le descendant français du mot latin peut donner des indications : pour les exemples cités ci-dessus, « gué », « Gui ». A contrario, dans un cas exceptionnel, le toponyme « Wlac »[4] ne doit pas être transcrit « Vulac », puisque le nom actuel est Fléac.

b. Dans les textes **français**, on observe la même règle. Les scripta picardes, normandes, wallonnes et lorraines utilisent « uu » ou « w » pour noter [w] d'origine germanique : « warder, waitier, wage, Warin, waingneries »... Mais, dans tous les dialectes français, on transcrit « vu », quand « u » représente les voyelles [ü] ou [u], ou bien le premier élément d'un digramme servant à noter une diphtongue (« ue », « ui »...).

Ex. : « vulgal », « vult », « vueil » (et non « weil »), « vuidier » (et non « widier »), « nouvel »...

Cas particulier : les graphies « ewe, euwe » < AQUA en picard et en wallon doivent être conservées[5].

4. « prata de Wlac que dicuntur Insule » : *Le cartulaire de Saint-Cybard d'Angoulême*, éd. Paul Lefrancq, Angoulême, 1931, n° 45, p. 22 (XIIe s.).

5. Charles Théodore Gossen, *Grammaire de l'ancien picard, réimpression de l'édition de 1970 avec quelques retouches et additions*, Paris, 1976, p. 101-102, § 43.

c. Le problème de la distinction de « w » et de « uu » ne se pose pratiquement pas en **occitan**, les étymons d'origine germanique commençant par [w] ayant engendré des mots commençant par « g » ou « gu » : « gatge », « guatge » : « uu » ne correspond généralement qu'à « vu » (« vuolontat »), ou à « uv » (« euvangeli »). On trouve néanmoins « w » à l'initiale du nom « Willem »[6].

9. Consonnes « c » et « t » devant « i »

Les scripteurs des XIVe et XVe siècles écrivent à peu près indifféremment « -cia » et « -tia », « -cio » et « -tio », « -cion » et « -tion », etc. On respectera la graphie des originaux et autographes, pour autant que l'on puisse proposer une lecture sûre. En cas de doute, on généralisera la graphie la plus fréquente et on en rendra compte dans l'introduction.

10. Groupe « ct » et « tt »

Il est, de même, souvent délicat de distinguer « ct » et « tt » lorsque les groupes « cc », « ct », « tt » sont écrits de façon identique, généralement sous l'apparence de « ct » en ligature ; on s'inspirera alors des principes du § **9**. Dans de rares cas, d'autre part, même si la lecture est évidente, on peut être amené à modifier les formes latines pour éviter les confusions. On peut ainsi proposer d'éditer, pour plus de commodité, « factum » (= fait, même s'il est écrit « fattum ») pour le distinguer de « fattum » (= sort, lorsque le mot, comme il arrive fréquemment en Italie, est écrit avec un redoublement du « t ») ; de même pour « nactus » (= trouvé) ainsi distingué de « nattus » (= né).

Lorsque les graphies du document apparaissent totalement indifférenciées, ce qui est le cas pour le formulaire de chancellerie d'Odart Morchesne (1427), dans lequel on lit clairement « justitiariis » (fol. 52) et ailleurs « justiciariis », « dileccion » (fol. 79) et ailleurs « dilection », « faitte » (fol. 60) alors que l'auteur explique ailleurs que « faicte » participe passé doit s'écrire avec un « c » devant le « t », « laditte » (fol. 48v), et même

6. Sur l'alternance de « g » et « gu » et sur « w », voir Åke Grafström, *Etude sur la graphie des plus anciennes chartes languedociennes avec un essai d'interprétation phonétique*, Uppsala, 1958, § 60.

« ditta » en latin (fol. 177, pour « dicta »)..., il faut choisir le parti le plus simple pour le lecteur, en raisonnant au cas par cas et en tenant compte, si besoin est, de l'étymologie (« Poictiers » plutôt que « Poittiers », « Bitturis » plutôt que « Bicturis », « auctorité » plutôt que « auttorité », « effect » plutôt que « effett », mais « lettres » plutôt que « lectres », « faicte », « ladicte »...)

11. « m » final en forme de « z »

Dans les cas où « m » en fin de mot latin est transcrit par un « m » vertical, il ne doit pas être confondu avec « z », mais transcrit « m ». On signalera simplement cette particularité graphique en introduction.

12. « x » final à valeur de « us » dans les textes français

L'habitude est de conserver la graphie « x », certains manuscrits présentant à la fois des graphies « prex » (= « preus »), « merveillox » (= « merveillous »), « chevax » (= « chevaus »), dans lesquelles « x » a valeur de « us », et des graphies « preux », « merveilloux », « chevaux », dans lesquelles « x » a valeur de « z ». C'est l'étude du système graphique du document qui doit déterminer la doctrine à suivre. Si « x » n'est employé qu'avec la valeur de « us », on peut le considérer comme une abréviation et le développer, à condition de justifier ce parti dans l'introduction. Dans le cas contraire, il vaut mieux respecter la graphie du manuscrit[7].

13. Dasia

On rencontre dans quelques chartes une forme de l'esprit rude grec appelée dasia, qui a la forme de la moitié gauche d'un « H » majuscule ». Elle est employée pour « h » en position initiale, voire médiane. On la transcrit par « h » en signalant cette particularité graphique dans l'apparat et dans l'introduction.

7. Voir Jean Acher, « Sur l'x finale des manuscrits », dans *Revue des langues romanes,* t. 56, 1913, p.148-158 [la lettre « x » n'a rien à faire avec le signe abréviatif de *-us*], et la discussion de Pio Rajna, « X=us », dans *Romania,* t. 55, 1929, p. 528 [*x* n'a aucune raison d'être maintenu dans les éditions].

14. Notes tironiennes

Glissées dans les actes, surtout dans les souscriptions et les formules de validation en chancellerie, les notes tironiennes sont d'interprétation plus ou moins aisée, selon qu'elles sont encore utilisées de façon courante, chaque scripteur les adaptant (chancelleries mérovingiennes et carolingiennes), ou empruntées à un répertoire pauvre et figé (x^{e}-xiie siècle). Dans tous les cas, il faut les développer, dans les limites de la prudence : on peut préconiser de les développer en italique et de signaler leur emploi (comme toute difficulté de lecture) dans l'apparat.

15. Chiffres

a. Quelle que soit la nature du texte édité, littéraire ou documentaire, le principe général est de reproduire ordinaux et cardinaux tels qu'ils sont exprimés (chiffres, lettres...) dans le manuscrit ou le document servant de base à l'édition (original, meilleure copie, manuscrit de base), le soin de décider si l'apparat doit indiquer les usages des autres témoins étant laissé à l'appréciation de l'éditeur.

Par exception, dans les textes littéraires en langue vulgaire, « I » (qui peut renvoyer au chiffre mais aussi à l'article indéfini) sera transcrit « un » ou « uns » selon les règles de la morphosyntaxe du texte.

b. Les chiffres romains doivent être transcrits en majuscules, les exposants reproduits tels qu'ils se présentent (et leur éventuelle abréviation développée). Il est parfaitement inutile, par contre, de reproduire les points qui servent à séparer et distinguer les différents chiffres ; ces points ont en effet été utilisés par les scripteurs médiévaux pour éviter toute confusion entre chiffres et lettres ou jambages de lettres, distinction que les typographies actuelles assurent pleinement.

Ex. : « .II$^{\bar{a}}$. », pour « secundam », sera ainsi transcrit « II^{am} ».

On peut proposer les conventions suivantes :

- Chiffres romains simples : en capitales, non séparés par des blancs, non encadrés par des points. Ex. : « Anno Domini MCLXXVIII », « od XV chevaus », « cum C et tribus militibus ».
- Exposant abréviatif : en minuscules, en exposant. Ex. : « M^{o} » (= millesimo), « IIII^{ta} » (= quarta). N.B. : comme « o » n'est pas la seule lettre à être utilisée en exposant, on préférera, pour l'harmonie typogra-

phique, le véritable « o » en exposant (^{o}) au caractère usuel proposé sur les claviers (°).

- Exposant multiplicateur : en petites capitales, en exposant. Ex. : « IIII^{C} », « II^{M} ».
- Insérer un blanc insécable après une séquence de chiffres dont certains sont affectés d'un exposant et avant et après un nombre exprimé en toutes lettres. Ex. : « M^{o} C^{o} LXVIII° »,« M III^{C} III^{XX} XVIII », « MCCC IIII^{XX} XVIII », « M^{o} centesimo LXVIII° ».

c. Dans les documents de gestion (comptabilités, etc.), en certains cas, l'éditeur, pour faciliter la lecture et l'exploitation, pourra procéder à diverses simplifications et employer les chiffres arabes : voir les cas détaillés dans le fasc. II.

d. Dans les textes scientifiques, le lecteur doit pouvoir distinguer au premier coup d'œil ordinaux et cardinaux (« III^{a} » peut signifier « tria » aussi bien que « tertia »). Par exception, l'éditeur, pour indiquer clairement la différence entre cardinaux et ordinaux, a intérêt à transcrire tous les chiffres en chiffres arabes et à utiliser systématiquement l'exposant pour les ordinaux et pour eux seuls. Pour les trois premiers chiffres cardinaux, qui se déclinent, il est souvent plus clair de les développer en toutes lettres.

ABRÉVIATIONS

16. Principes généraux

Le principe est de résoudre les abréviations. On distingue cependant deux types d'éditions :

a. Dans le cas de textes spécialement importants pour l'historien de la langue ou pour le paléographe (textes latins antérieurs à la réforme carolingienne, plus anciens témoins de la langue vulgaire, transcriptions paléographiques à but pédagogique, etc.), il peut être nécessaire de donner au lecteur les moyens de connaître les systèmes abréviatifs et surtout de lui permettre de faire, sans nouvelle vérification, le départ entre ce que donne le texte et ce qu'a rétabli l'éditeur. Les lettres restituées par l'éditeur sont alors imprimées en italique, ainsi que les abréviations par signes convenus (« 7 » pour « et » ; « 9 » pour « cum », « com », « con » … ; « ^{9} » pour « -us », etc. ; mais « & », qui représente à l'origine une ligature « e » + « t », n'est pas une abréviation). Les lettres en exposant ou suscrites ne sont pas considérées comme restituées (« g^{o} » = « *er*go ») ; à noter que dans quelques abréviations spécifiques, une lettre suscrite peut correspondre à une lettre présente deux fois dans le mot (« g^{i} » = « igi*tur* » : « $sp^{i}tu$ » = spi*r*itu).

b. Dans les autres types d'édition, les restitutions ne seront pas signalées.

17. Les résolutions d'abréviations

Les résolutions doivent se conformer aux graphies clairement attestées dans d'autres parties du texte. Ne pas oublier qu'en langue vulgaire, on a utilisé, pour abréger certains mots, des abréviations invariables, généralement dérivées d'abréviations latines, qui ne reflètent pas nécessairement la graphie développée. Quelques formes abrégées peuvent ainsi contenir des lettres qui n'apparaissent pas dans la forme développée ; ainsi « pbre », issu de l'abréviation « pbr » du latin « presbiter », se transcrit normalement au XIIe et au XIIIe siècles « prestre », mais il peut aussi, à partir du XIVe siècle, renvoyer à une graphie étymologisante « prebstre », elle-même d'ailleurs influencée par la forme de l'abréviation.

a. On cherchera comment le texte traite, en clair, les groupes « ae », « oe », « e », « ę » (voir supra § **3**), pour s'en inspirer lors des restitutions. On cherchera aussi, dans la mesure du possible, si le scripteur a écrit « dominus » ou « domnus », et, en français, « molt », « mult », « mout » ou « mut » ; « diz », « ditz », « dictz », « dicts » ou « dis » ; « quant » ou « qant » ; « faire » ou « fere », etc.

b. Si le texte ne donne pas d'exemples à suivre, on restitue **en latin** selon la forme couramment admise. Pour les textes **en langue vulgaire**, dont les graphies sont beaucoup moins normalisées que les graphies latines, on cherche à suivre les usages de la région et de l'époque. L'abréviation « chlr », selon les dialectes, peut en effet valoir « chevalier », « chevaler », « chivalier », « chavalier », « kevalier », etc. ; de même « cit. » peut renvoyer à des graphies « citain », « citeien », « citeyen », « citïen », « citoyen », etc. Le scripteur lui-même peut d'ailleurs fournir des indications sur son système graphique. Ainsi des graphies « autre » et non « altre », « aute » et non « alte » reflètent une propension à vocaliser [l] antéconsonantique et peuvent autoriser, si elles sont récurrentes dans la copie, à résoudre l'abréviation « mlt » en « mout » ; de même une graphie « dict » et non « dit » révèle une tendance à introduire des lettres étymologiques et peut autoriser une transcription développée « faict » plutôt que « fait ».

c. Il peut arriver que l'on ne puisse résoudre une abréviation, ou que son interprétation soit douteuse. Lorsque l'éditeur a un doute sur l'interprétation, il doit le signaler dans l'apparat et fournir les éléments de la discussion (ce qui se lit sur le manuscrit, les abréviations utilisées...). Si on ne peut résoudre l'abréviation, on peut imprimer uniquement ce qui se lit sur le manuscrit en fournissant dans l'apparat les éléments de la discussion.

18. Abréviations par suspension

Les abréviations par suspension peuvent poser de délicats problèmes, en particulier dans le cas de noms propres, de titres, de noms de monnaie.

a. Noms propres et titres de personne : « Guil. de Castel. » peut renvoyer aussi bien à « Guillelminus de Castello » qu'à « Guillermus de Castellare », à « Guillelmus de Castellis » etc. Il convient donc de n'éditer une résolution d'abréviation que si l'on a par ailleurs un renseignement explicite l'étayant, la restitution hasardeuse d'un nom de lieu ou d'un prénom très abrégé pouvant entraîner de graves confusions. Il est conseillé d'indiquer par un point ou par une apostrophe (pratique des éditeurs anglais) toute abréviation non résolue (« Guill. de Castel. », « Guil' de Castell' »), en choisissant le procédé qui risque d'engendrer le moins de confusions avec les autres usages de ces signes dans le fil de l'édition (signe de ponctuation, apostrophe d'élision). Le procédé sera de toute façon signalé dans l'introduction de l'édition.

De même, à partir du XIIIe siècle, seul le contexte permet de savoir si l'abréviation « rex Franc. » doit être développée « rex Francorum » ou « rex Francie » : les suscriptions des actes royaux et les légendes des sceaux royaux conservent un « rex Francorum » qui devient archaïque face au titre de « roi de France » (« rex Francie ») qu'adoptent, par exemple, les chroniqueurs aussi bien que les actes d'autres personnages, et même les sceaux des futurs rois de France[1].

Le problème se pose aussi pour les chansons de geste et pour les romans arthuriens, dans lesquels les personnages, surtout les plus importants, sont simplement désignés par l'initiale de leur prénom[2]. Il faut être très attentif dans l'exercice de restitution aux formes, fléchies ou non, courtes ou longues, qui sont liées à la syntaxe du mot dans la phrase mais aussi, le cas échéant, à sa place dans le vers (à la rime ou non) et à l'incidence de la forme restituée sur le compte des syllabes du vers.

Ex : « K ». peut avoir la valeur de « Karles/ Karlon », voire « Charles/-on »,« Karlemaine/-s », « Charlemagne/-s »… La solution adoptée par Wolfgang Van Emdem dans son

1. Ainsi le sceau du fils de Philippe Auguste, futur Louis VIII, a comme légende, en toutes lettres : « Sigillum Ludovici filii regis Francie » ; mais, lorsqu'il devient roi, son sceau porte la mention « Ludovicus Dei gratia Francorum rex ».

2. Dans le Roman de Perceforest, seuls les noms propres des principaux personnages apparaissent sous forme abrégée : « Percef. » pour « Perceforest », « Gad. » pour « Gadiffer » : *Perceforest, quatrième partie, édition critique avec introduction, notes et glossaire* par Gilles Roussineau, tome I, Genève, 1987 (*Textes littéraires français*, 343), p. LXXVII.

édition de *Girart de Vienne*[3] peut servir de modèle, à la fois théorique et pratique : utiliser les crochets carrés pour les parties restituées et restituer en tenant compte prioritairement des contraintes de la mesure du vers, et secondairement de celles qui sont liées à la morphosyntaxe.

b. Noms de monnaie. Le denier étant à l'origine la seule monnaie frappée — à la différence des sous et des livres qui n'expriment que des quantités (20 et 240 deniers) —, l'adjectif toponymique renvoyant plus ou moins effectivement au lieu de frappe du denier ne peut qualifier que le denier. On parlera donc de « deniers parisis » (« denarii parisienses ») mais de « sous (ou livres) de [deniers] parisis ». Il faut donc développer, dans ce dernier cas, au génitif pluriel : « solidum, solidos... (libra, libras...) parisiensium, turonensium... ». Il arrive néanmoins, surtout à la fin du Moyen Âge, que cette règle ne soit plus exactement conservée (« libras parisienses ») : on respectera naturellement une telle exception lorsque le terme sera ainsi développé.

19. Abréviation de « signum »

Par exception, il est d'usage, dans les éditions d'actes, de reproduire au plus près l'abréviation du mot *signum* précédant une souscription, telle qu'elle figure dans l'acte (mais cette précision n'est évidemment utile que si l'on édite un original). Selon les cas, on reproduira donc « S. », « Sig. », « Sign. », voire « Signum » si le mot n'est pas abrégé. Le « S » barré d'une barre oblique, s'il ne peut être rendu sous cette forme, peut être rendu par un « S. », son emploi étant signalé dans l'introduction ou dans une note de l'apparat.

Le signe tironien « L » qui signifie à l'origine *subscripsit*, a pu être employé, quand son sens originel s'est obscurci, pour *signum*. On le voit

3. *Girart de Vienne par Bertrand de Bar-sur-Aube* publié par Wolfgang Van Emden, Paris, Société des anciens textes français, 1977, p. LVIII : « La résolution des noms propres abrégés posait un problème. Le scribe, quand il les écrit en toutes lettres, se soucie rarement des règles de la déclinaison. Nous ne voulions pourtant pas donner une impression qui eût pu être fausse, soit en imprimant toujours le cas régime (employé *le plus souvent* par le copiste là où il écrit le nom en toutes lettres), soit en imprimant toujours le cas "correct". Nous avons opté pour le procédé d'imprimer celui-ci, là où la métrique le permet, mais de mettre les lettres ajoutées entre crochets ; si la métrique interdit le cas "correct", nous imprimons le "mauvais", toujours entre crochets. »

quand il précède le nom et que celui-ci figure au génitif. On a alors avantage à le développer en *signum*, ce dernier mot étant imprimé en italique (voir § 14), et son emploi signalé dans l'apparat.

20. Abréviations utilisant des lettres de l'alphabet grec

Certaines abréviations médiévales de mots religieux ou de noms bibliques empruntent des lettres grecques. Il serait erroné de les transcrire telles quelles, puisque la lettre « h » représente alors le « η » grec donc « e », et la lettre « p », le « ρ » grec donc « r ». De même pour « c » qui imite un « sigma lunaire » et vaut « s » et non « c ». On transcrira donc « xps » et « xpc » (xρς) par « Christus » ; « epc » (epς) par « episcopus ». Mais dans un poème abécédaire où chaque strophe commence par une lettre de l'alphabet, le nom du Christ fournissait un début commode pour la strophe qui commence par X ; on est donc obligé de transcrire « Xristus ».

Pour les mots commençant par Iη en grec, « Je » en latin (Jesus, Jerusalem, Jeronimus), la graphie contenant la transcription d'un h (« ihs », « ihrlm ») a été prise pour l'abréviation d'un mot contenant un « h ». En croyant résoudre l'abréviation, les copistes ont donc parfois ajouté un « e » : « ihe- » doit être alors transcrit « Jhe- » puisque toutes les lettres y figurent. Pour éviter de confondre avec le « h » utilisé pour séparer deux voyelles en hiatus et ne pas faire croire qu'il y avait deux syllabes au lieu d'une seule, les copistes ont pu faire passer le « h » en tête : « Hierusalem, Hieronimus ». Il faut donc transcrire « Hrlm » par « Hierusalem ».

On peut aussi trouver, plus ou moins latinisés, des **mots entiers écrits en caractères grecs** (noms personnels parmi les souscriptions, l'un des trois « amen » d'une bénédiction finale…). Ils seront si possible transcrits en caractères grecs ; à défaut, dans une translittération latine, mais celle-ci sera alors imprimée en italique (une note de l'apparat signalant la présence de caractères grecs). On tentera aussi de reproduire un éventuel mélange de caractères majuscules et minuscules, et les cas ambigus seront autant que de besoin signalés dans l'apparat.

Ex. : « amen, ΑΜΗΝ, AMEN », ou à défaut « amen, *AMEN*, AMEN », avec dans tous les cas une note de l'apparat signalant que le deuxième est écrit en caractères grecs [car les quatres caractères employés se retrouvent aussi dans l'alphabet latin] ;

« ΘΗϖΘϖΛϖ », ou à défaut « *THÊÔTHÔLÔ* », mais dans ce cas avec une note indiquant l'emploi de caractères grecs, majuscules et minuscules (ômega) alternés[4].

21. Jours du calendrier romain (calendes, nones, ides)

On développe dans les textes latins, quelle que soit l'abréviation, les noms de jours antiques à l'ablatif quand ils désignent le jour même et à l'accusatif lorsqu'ils servent au décompte ; les mois sont toujours exprimés au génitif.

Ex. : « kalendis februarii » (1er février), « nonis februarii » (5 février), « idibus februarii » (13 février).— « IV (*ou, selon les cas,* quarto) nonas februarii » (2 février), « IV (*ou* quarto) idus februarii » (10 février), « II (*ou* pridie) kalendas februarii » (31 janvier), « bis VI (*ou* bissexto) kalendas martii » (24 février en année bissextile).

4. Souscriptions de l'archevêque de Tours Théotolon de 939 à 942 (certaines du reste s'écartant de ce modèle), citées par Michèle Courtois, « Remarques sur les chartes originales des évêques antérieures à 1121 et conservées dans les bibliothèques et archives de France : étude d'un cas particulier, Théotolon », dans *À propos des actes d'évêques: hommage à Lucie Fossier*, éd. Michel Parisse, Nancy, 1991, p. 45-77, aux p. 61-62.

SIGNES SPÉCIAUX UTILISÉS DANS LES ACTES

22. Particularités des actes

Certaines particularités des actes (et, au premier chef, des originaux) méritent d'être notées, directement dans le fil de l'édition, par un certain nombre d'astuces typographiques ou d'interventions de l'éditeur. Chaque pays s'est fixé ses propres conventions et celles qui suivent ont été élaborées, pour la France, par la collection des *Chartes et diplômes.*

a. Il peut arriver que le scripteur ait employé des **caractères spéciaux** pour mettre en relief certaines parties de l'acte. Par convention, on imprime en gras les passages en lettres allongées[1] ; les mots écrits en capitales ou en onciales sont imprimés en petites capitales. Toutes les particularités de la décoration (initiales ornées, dessins...) doivent être décrites en note.

b. On intercale dans le texte (avec une éventuelle description dans l'apparat critique) la mention de **signes figurés** (croix, chrismon, monogramme, ruche de chancellerie, seing manuel de notaire) ou de **sceaux plaqués**, en italique et entre parenthèses, à leur place respective.

Ex. : Croix : (*Crux.*) In nomine ...
Chrismon : (*Chrismon.*) In nomine ...
Monogramme : Signum Odo-(*monogramma*)-nis regis ...
Ruche de chancellerie : Airaldus qui subs-(*signum recognitionis*)-cripsit ...

1. Les éditeurs allemands et italiens préfèrent laisser le passage en caractères normaux et l'encadrer de trois astérisques superposés.

Seing de notaire : (*Signum manuale.*) Ego Arnaldus notarius publicus ...
Sceau plaqué conservé ou perdu : (*Sigillum placatum.*) ou (*Locus sigilli.*)[2]

c. La **croix accompagnant la souscription** pourra être reproduite comme telle, à l'endroit où elle est placée, par une croix grecque (+) plutôt que par le signe † (qui est aussi affecté au numéro d'ordre des documents faux). Si la croix est représentée par un simple trait vertical recoupant la ligature entre le « g » et le « n » de « signum », on peut transcrire « sig+num » ; de même si plusieurs traits verticaux indiquent autant de souscriptions, on les transcrira par autant de croix (« sign++++na »). Les autres caractéristiques de la croix (cantonnée de points, autographe...) seront signalées dans l'apparat critique.

d. Les **deux points juxtaposés,** placés devant un nom de fonction pour indiquer que le document concerne une personne *ratione officii,* seront transcrits tels quels (pour pallier les inconvénients liés aux rejets à la ligne, il est conseillé de mettre un ou deux blancs insécables entre les points).

Ex. : « mandamus . . baillivo Silvanectensi et . . locumtenenti ejus »

2. Ces usages, formés à l'origine pour l'édition des actes royaux carolingiens, peuvent être étendus à d'autres catégories d'actes. Pour les actes en langue vulgaire, on pourra toutefois préférer l'utilisation du français : (*Croix.*), (*Seing manuel.*), etc. A noter que les éditeurs français ne mentionnent ainsi que le sceau plaqué : la présence du sceau pendant est uniquement signalée dans le tableau de la tradition. Les éditeurs italiens quant à eux utilisent des sigles (liste d'après A. Pratesi, « Una questione... », p. 318, n. 2) : B = bulla [et D = deperdita] ; BV = Bene valete monogrammatique ; C = chrismon ; M = monogramma [et F = firmatum, c'est-à-dire avec un élément autographe] ; R = rota [et F = firmata] ; S = signum ; SI = sigillum impressum [et D = deperditum] ; SP = sigillum pendens [et D = deperditum] ; SR = signum recognitionis [parfois SM pour le seing manuel du notaire au sens strict].

SÉPARATION DES MOTS

Les pratiques des scribes médiévaux en matière de séparation et de réunion de mots apparaissent quelquefois arbitraires. Elles peuvent faire l'objet d'une étude particulière, au même titre que l'utilisation du système abréviatif[1]. Mais l'éditeur, sauf le cas très particulier de documents linguistiques importants[2], doit en priorité faciliter la lecture du texte et donc adopter des coupures conformes à l'usage contemporain ou à l'usage médiéval de référence (pour l'ancien français, les formes lemmatisées du dictionnaire de Tobler et Lommatzsch peuvent servir de guide). En latin comme en langue vulgaire, on n'emploie jamais de trait d'union.

Ex. : « Sainct Jehan de Losne », « actum apud Sanctum Johannem de Monte », « Ythier do Borc Saint Jaque », « dit il »,« quatre vingtz »...

23. Séparation des mots en latin

a. De très nombreuses expressions latines composées ont été formées au Moyen Âge, d'une part, d'un mot indéclinable (préposition, conjonction, adverbe) et, d'autre part, d'un substantif, d'un adjectif, d'un verbe. Il est recommandé de les séparer, lorsque l'individualité morphologique de

1. Nelly Andrieux-Reix, Simone Monsonego, « Ecrire des phrases au Moyen Âge, matériaux et premières réflexions pour une étude des segments graphiques observés dans des manuscrits français médiévaux », dans *Romania*, t. 115, 1997, p. 289-336.

2. Clovis Brunel a introduit dans le *Supplément* au volume *Les plus anciennes chartes en langue provençale, recueil des pièces originales antérieures au* XIII*e siècle,* publié en 1952, un trait d'union, pour individualiser chaque mot selon l'usage moderne, dans les groupes solidaires constitués par les scribes médiévaux (il n'utilise donc plus l'apostrophe qu'il utilisait dans le volume publié en 1926) : « Aici o donam et o-laudam a-Deu et a-l-Ospital » (n° 394). Cette pratique a été conservée dans les volumes des *Documents linguistiques de la France. Série française* publiés par Jacques Monfrin avec le concours de Lucie Fossier.

chaque composante est perceptible ou que la charge sémantique des deux éléments est équivalente, mais de lier certaines expressions très courantes et brèves ; il convient, en tout état de cause, d'adopter un principe homogène tout au long de l'édition.

Ex. : « supradictus », « jamdictus », « subterfirmare », mais « infra memoratus », « in futurum », « in perpetuum » (mais impérativement « imperpetuum », puisque l'utilisation de la graphie « m » suppose une fusion des deux éléments).

b. On laisse unies les expressions composées qui sont déjà usuelles en latin classique ou patristique, ou celles qui, si on en séparait les éléments, pourraient avoir un autre sens.

Ex. : « amodo », « attamen », « dummodo », « etenim », « etiamsi », « hujusmodi » (= démonstratif indéclinable), « idest », « necnon », « nonnisi », « unacum », « decetero » (= désormais, distinct de « de cetero » = au sujet du reste), « etsi » (= bien que, distinct de « et si » = même si), « siquidem » (adverbe, distinct de la conjonction « si » suivie de « quidem »), « sepedictus « (= susdit, distinct de « sepe dictus » = dit souvent), les adverbes temporels « postmodum », « insimul », « deinde » (= ensuite, distinct du rare « de inde » = « de hac re »).

c. Lorsque, dans les expressions composées, les deux éléments se déclinent ou se conjuguent séparément, ils doivent être dissociés. Quand l'un des deux éléments dépend grammaticalement de l'autre et ne change jamais de forme, on peut les souder, en tenant compte, surtout à partir du XIIIe siècle, de l'évolution lexicale ultérieure du terme, en particulier de son emploi avec un sens institutionnel figé.

Ex. : « campi partus » (mais « campipartus » = champart dans un acte notarié), « locum tenens » (mais « locumtenens » = lieutenant dans un mandement royal du XIVe siècle, et dans tous les cas « tenens locum »), « tenens sigillum », « manu firmare » ; « mortua manus » et « mortuam manum » (mais « mortuamanum »), « manus firma ». Voir aussi « majordomum » dans la copie au XIIe siècle d'un « majorem domus » du VIIIe siècle.

d. Les noms de lieu composés, dans lesquels chacun des éléments se décline, doivent être dissociés, même si la forme française qui en est issue est agglutinée :

Ex. : « Calvus Mons », « ad Calvum Montem » (= Chaumont) ; « Clara Vallis » (= Clairvaux) ; « Grande Pratum » (= Grandpré) ; « Majus Monasterium » (= Marmoutier) ; « apud Novam Villam ».

Mais on ne sépare pas les deux éléments si l'absence de flexion de l'un des deux termes fait apparaître que les deux termes n'en forment plus qu'un ; on ne coupe pas non plus un adjectif formé à partir du mot composé.

Ex. : « apud Novavillam » ; « pratum Claravallense ».

e. L'enclitique **-que**, abrégé ou non, coupé ou non du mot sur lequel il s'appuie, sera toujours soudé à celui-ci.

24. Séparation des mots en langue vulgaire

Les cas sont souvent plus délicats. Le principe général est de ne transcrire en un seul mot que les expressions composées usuelles ou celles qui sont passées soudées dans la langue moderne. On transcrit donc « madame », « messire » (et « mesire »), « monseigneur », etc., sauf lorsqu'ils dénotent nettement un lien de dépendance amoureuse ou féodale (voir encore aujourd'hui l'opposition ma dame / madame). Les mots transcrits séparément ne doivent pas être réunis par un trait d'union.

Ex. : « Damedieu » ; « lieutenent » ; « mainmorte » ; « mainferme » ; « vichastelain », « mossenhor » ; mais « par devant », « soubz viguier », « garde seel », « ci annexé », « demi arpant », « mi plant », etc.

Comme pour les composés latins, l'analyse grammaticale peut rendre perceptible l'individualité ou la solidarité de chaque composant : on peut ainsi proposer « dorenavant », « desorenavant », mais « des ore en avant » ; « toujours » voire « tourjours » mais « tous jours » et surtout « touz jours » ; « minuit » mais « la mie nuit ».

Néanmoins, pour le vocabulaire des institutions, la réalité institutionnelle doit prévaloir sur les variations morphologiques et, pour insister sur le sens institutionnel de ces mots, on peut préférer des graphies soudées.

Ex. : Le formulaire d'Odart Morchesne, 1427 (BNF fr. 5024, fol. 185v et passim), comporte les graphies « locumtenens »,

« locatenentes », « lieutenent », « lieuxtenens » pour désigner le ou les lieutenants du roi.

a. Pour les **documents d'archives** uniquement : dans les mots composés avec « dit », « dit » forme le plus souvent avec le mot qui précède une unité indivisible, comme dans la langue juridique moderne. On peut prendre comme principe de lier systématiquement les deux éléments dans les cas où l'usage en français moderne est le même et dans tous les cas si « dit » est abrégé (« led. »), c'est-à-dire :

- « ledit », « ladite », « lesdits », etc. (et autres formes : « lidiz », etc.) ;
- « audit », « ausdits » (mais : « a ladite »), etc. ;
- « dudit », « desdits », « desdites » (mais : « de ladite »), etc. ;
- « esdits », « esdites » ;
- « susdit », « susdite », etc. ;

mais de disjoindre systématiquement les deux éléments dans les autres cas : p. ex., « ce dit », « cil diz », « devant dites », « dessoubz dite », « ci avant dit », etc.

b. On peut suivre le même principe dans les expressions composées avec « quel »:

Ex. : « lequel », « lesquex », etc. ; « duquel », « desquelles » etc. ; « auquel », « ausquels » ; « esquex » ; mais « a laquelle », etc.

25. Lettres initiales redoublées

Les scribes de la fin du Moyen Âge ont fréquemment redoublé la consonne initiale d'un mot, spécialement quand le mot précédent se terminait par une voyelle. Dans ce cas, les deux mots sont agglutinés par le scripteur[3]. L'éditeur doit les séparer, sauf s'il s'agit d'expressions passées dans la langue contemporaine (p. ex. « assavoir ») ; la graphie constituant une particularité du texte, on maintiendra toutefois le redoublement de la lettre.

3. Sur les consonnes doubles initiales dans les chartes occitanes, voir Åke Grafström, *Etude sur les graphies...*, § 80.

Ex. : ; « a sses parenz » ; « per sa vuoluntat e ssa vida ni a ssa fi »[4], « el avia mandat a ssos senescals e a ssos prebosts ».

A noter que dans l'index ou le glossaire on lemmatisera le mot avec une initiale simple : « sos, ssos... ».

26. L'élision en ancien français

a. Devant un mot commençant par une voyelle, certains monosyllabes dépourvus d'accent et terminés par une voyelle s'agglutinent au mot suivant par proclise et perdent leur voyelle par élision. L'éditeur doit insérer, selon l'usage moderne, une apostrophe à la place de la voyelle élidée.

Exemples d'élision :

- articles définis « le » et « la » : « l'argent », « l'erbe », « l'endemain » ;
- articles possessifs « ma », « ta », « sa » : « m'onor », « t'amie », « s'ante » ;
- pronoms personnels « je », « me », « te » (y compris le « te » sujet pour « tu »), « se » ; « moi », « toi » et « soi » employés devant « en » et « i » ; « le », « la », « li » : « j'ai », « t'as trouvé », « s'attache », « menez m'i », « va t'en », « l'en rendez » ;
- pronoms relatifs « qui » ou « ki », « que » ou « ke » (« k » ou « qu » peut passer à « c » après élision) : « qu'en vaut il », « qu'est ce », « par c'on peut faire » ;
- pronoms indéfinis « quelque » et « quanque » (même remarque) : « quanqu'il a », « quanc'on vient » ;
- conjonction « que » (même remarque) : « qu'il le voie », « tant c'as larrons » ;
- conjonction de coordination « ne » et négation « ne » : « en chastel n'en vile », « il n'a » ;
- conjonction « se » : « s'il vient ;
- pronom démonstratif « ce » : « c'estoit ».

Il convient toutefois de ne pas interpréter comme élision de la voyelle atone d'un article ce qui, pour des raisons dialectales, peut représenter une aphérèse, c'est-à-dire la disparition de la syllabe initiale du mot suivant.

4. Clovis Brunel, *Les plus anciennes chartes en langue provençale, recueil des pièces originales antérieures au* XIII*e siècle...*, Paris, 1926, n° 218, charte de 1185 [désormais Brunel suivi du numéro et de la date de la charte].

Dans une scripta picarde ou wallone, on peut ainsi avoir : « le veske » (et non « l'eveske ») ; « la glise », voire « le glise » (et non « l'eglise »).

Le pronom personnel sujet de la 3e personne, « il » pouvant être réduit à « i », la graphie « qui » peut parfois correspondre au fr. mod. « qu'il » et doit alors être transcrite « qu'i ».

Ex. : « priant Dieu qu'i vous ait... » ; voir aussi dans la déposition d'un tabellion devant le Parlement de Paris en 1354 : « messire Henry et sa femme manderent li qui (= relatif) parle qu'i (= que+il) venist a euls »[5].

b. Dans les textes en vers, et plus rarement dans les textes en prose, la finale atone en « e » d'un mot qui s'élide devant le mot suivant commençant par une voyelle peut n'avoir pas été notée. On utilise l'apostrophe pour signaler l'absence de cette voyelle finale.

Ex. : « Ensembl'od els sent Gabrïel i vint »[6].

27. L'élision en occitan

a. L'occitan connaît les mêmes types d'élision que l'ancien français. On sépare par une apostrophe le mot élidé du mot suivant.

Ex. : « l'aiga », « l'ira », « m'a », « m'en », « qu'es », « s'ira », « cad'anz ».

b. On procède de même dans les textes en vers dans les cas où une finale atone en « -a » ou en « -e », placée devant un mot commençant par une voyelle, est élidée.

Ex. : « la bona terr'Espanha » (= « la bona terra »), « car'amiga » (= « cara amiga »), « cortez'e chauzida » (= « corteza e chauzida »), « vostr'ensegnamen » (= « vostre ensegnamen »), « metg'e sirven » (= « metge e sirven »), « metr'e donar » (= « metre e donar »).

5. Pierre- Clément Timbal, *Les obligations contractuelles dans le droit français des XIIIe et XIVe siècles d'après la jurisprudence du Parlement*, Paris, t. I, 1973, p. 56.

6. *La chanson de Roland*, édition critique par Cesare Segre, nouvelle édition revue..., Genève, 1989, t. I, p. 213, vers 2395.

28. L'enclise en ancien français

Certaines formes atones du pronom personnel et de l'article viennent se fondre, en perdant leur voyelle, dans les monosyllabes accentués en précession qui leur servent d'appui. On ne les sépare pas.

a. Il s'agit essentiellement des pronoms « le », « les », placés après le pronom « je », après « ne », « se », « si », après les relatifs et interrogatifs « qui » et « que » et après la conjonction « que ».

Ex. : « jel puis faire » (= je le) ; « gel porterai » ; « jes vois » (= je les) ; « nel quier » ; « nes doit escouter » ; « sil nomma » ; « quil vuelent » (= qui le veulent, à distinguer de « qu'il vuelent » = qu'ils veulent) ; « quil portera » (= qui le portera, distinct de « qu'il portera »), « sem creüssez » (= si vous m'aviez cru)...

b. L'enclise se produit aussi entre les articles « le » ou « les » et la préposition précédente « a », « de », « en ».

Ex. : « al » (= au), « el » (= en le), « del » (= de le), « es » (= en les)...

c. Un certain nombre de manuscrits de textes littéraires français montrent une utilisation beaucoup plus importante du système d'enclise, qui se produit soit avec des mots grammaticaux, soit, plus rarement, avec des formes verbales ou des substantifs. On peut alors utiliser un système de séparation par point comparable à celui de l'occitan (voir § **29**) : on en trouve de nombreux exemples dans le manuscrit de l'Ambrosienne du *Roman de Troie* de Benoît de Sainte-Maure[7] : enclises de « en » avec « qui » (« qui·n »), avec « si » (« si·n »), avec « dire » (« die·n ») ; du pronom personnel « vos » avec « que » (« qu·os »), avec « ne » (« n·os »).

29. L'enclise en occitan

L'enclise est très fréquente en occitan, ainsi que dans d'autres langues romanes (italien, catalan, castillan).

7. Milano, Biblioteca Ambrosiana, D 55. Voir sur ce manuscrit, Peter Wunderli, « Zur Sprache der Maïlander Handschrift des Trojaromans » dans *Vox Romanica*, t. 28, 1968, p. 27-49.

a. On sépare par un point non suivi d'espace les deux mots soudés. Le point en haut est préférable dans la mesure où son utilisation est réservée à l'enclise, contrairement au point sur la ligne qui sert pour la ponctuation et éventuellement pour les abréviations par suspension non résolues. On peut admettre aussi, à défaut, l'utilisation conjointe du point sur la ligne et de l'absence d'espace.

Ex. : « entre·ls mas » ou « entre·ls mas » ; « pe·ls camis » ; « los bes e·lz frugz » ; « et quant tu lo·m demandaras » ; « si que no·t sia comtat en ton aver » ; « tot l'alo del mas Gualter que·s te ab al honor del Vilar » (= « que se te ») ; « jurero·ill o sober sainz Evangelis » (= « jurero ill o ») ; « ieu vos lau e·us dei lauzar » (= « vos lau e vos dei lauzar ») ; « no sai que que·n anem parlan » (= « que en anem parlan »).

b. Par exception et par convention, sont transcrits sans séparation « al » (= a lo), « als » (= a los), « el » (= en lo), « els », « eus » (= en los) et « del » (= de lo), « dels », « deus » (= de los), à cause de leur grande fréquence d'emploi et du fait qu'il existe en ancien français des enclises de même nature (cf. § **28b**).

Dans l'interprétation, parfois délicate, on privilégie, en français comme en occitan, la proclise sur l'enclise : sauf usage bien constaté par ailleurs, on préférera ainsi la transcription « l'an de l'Incarnation » à « l'an del Incarnation ». Une attention particulière doit être portée à l'interprétation des formes réduites de la particule de civilité occitane[8] ; le masculin « en » se réduit à « n » par aphérèse devant un prénom commençant par une voyelle (« en Bertran », mais « n'Aimar ») et le féminin « na » se réduit par apocope à « n » devant un prénom féminin commençant par une voyelle (« na Margarida », mais « n'Azalaïs »).

Ex. : « que n'Isarnz, lo vezcoms, fraire d'en Frotard et d'en Sicard, vendec... » (Brunel 315, 1198).

8. Antoine Thomas, « En et na en provençal », dans *Romania*, t. 12, 1883, p. 585-587.

SIGNES DIACRITIQUES

30. Point sur i et j

On rétablit dans tous les cas les points sur les « i » et les « j », conformément à l'usage moderne, sans tenir compte du pointage sporadique qui sert aux scripteurs à distinguer le « i » des autres lettres à jambages.

31. Cédille

Dans les textes **français et occitans**, on rétablit la cédille sous le « c » selon l'usage moderne, quand on veut donner à la lettre « c » la valeur phonétique de [s] :

Ex. : « deça » (et non « deca »), « François » (et non « Francois »), « sçavoir » ; « meçatgier » (cf. texte 1 de l'annexe 3, p. 149).

L'utilisation de la cédille comme signe diacritique par l'éditeur est indépendante du relevé éventuel par ce même éditeur des témoignages de l'utilisation de la cédille par le ou les scripteurs médiévaux (voir § 4).

32. Accent

a. Textes latins. Dans les manuscrits de textes littéraires latins où figure un accent d'intensité, celui-ci, qui présente un intérêt philologique, doit être maintenu. Si le texte est établi d'après des copies multiples, les systèmes d'accentuation – cas, fréquences, erreurs – seront étudiés dans la partie de l'introduction consacrée à la description des manuscrits.

b. Textes occitans. Dans les documents occitans où existe un système d'accentuation, celui-ci sera signalé et transcrit, dans les mêmes conditions que pour les textes latins, mais on n'introduit dans les éditions de textes occitans aucun accent, ni grave ni aigu, sur quelque voyelle que ce soit, l'ambiguïté qui existe en français entre les différents phonèmes notés par la lettre « e » n'existant pas en occitan, qui ne connaît pas de [e central] atone.

c. Textes français. Dans les documents français où existe un système d'accentuation, celui-ci sera signalé et soigneusement décrit dans l'introduction. On utilise d'autre part dans l'édition des textes, **diplomatiques et littéraires**, écrits en français jusqu'à la fin du XVIe siècle, un système diacritique conventionnel fondé sur la nécessité d'affecter à la lettre « e », dans la syllabe finale (où sa mauvaise interprétation peut donner lieu à des confusions), soit la valeur d'un [e central] atone, soit la valeur d'un [e] tonique, autrement dit de distinguer « elevé » (= élevé) de « eleve » (= élève).

On emploie l'accent aigu sur la lettre « e » ayant valeur de [e] tonique, sans tenir compte de son degré d'aperture, pour le distinguer du [e central] atone, et uniquement dans la syllabe finale, c'est-à-dire uniquement dans les mots se terminant par « -e » ou « -es » (mais pas sur « -ez », « -et », « -ed », sauf graphies particulières : voir infra **2**).

La règle s'applique aux polysyllabes et aux monosyllabes.

Ex. : « pere », « mere », « elevé », « fié » ; « ames » < ANIMAS mais « amés » < AMATOS ; « porte » < PORTA mais « porté » < PORTATUM ; « celes » < ECCE+ILLAS mais « celés » < CELATOS ; « le » (article) mais « lé » < LATUM ; « pie » < PICA mais « pié » < PEDEM ; « ne » < NEC mais « né » < NATUM ; « apres » < ASPEROS mais « aprés » < AD PRESSUS.

On n'emploie donc jamais ni accent grave ni accent circonflexe.

Ex. : on écrira « a » aussi bien pour fr. mod. « a » (verbe) que pour « à » (préposition) ; de même « la » (= la, là) ; « ou » (= ou, où) ; « grace » (= fr. mod. « grâce »).

1. Règle particulière aux **monosyllabes en « -es »**. Le groupe final « -es » des monosyllabes correspond toujours à [e] tonique + [s]. L'emploi de l'accent ne se justifie donc pas phonétiquement. Néanmoins figurent parmi ces monosyllabes une quantité importante d'homographes qu'il est bon de distinguer en accentuant ceux qui sont sémantiquement chargés et en n'accentuant pas les mots-outils grammaticaux (articles, adverbes, prépositions, conjonctions, etc.).

Ex. : « les » (article) et « les » < LATOS (préposition) mais « lés » < LATOS (substantif ou adjectif) ; « nes » (= ne + les) mais

« nés » < NATOS ou < NAVES ; « des » (article et préposition) mais « dés » (dés à jouer) ; « pres » (à côté de) mais « prés » < PRATOS ; « tres » (= beaucoup) mais « trés » < TRABES ; « mes » < MAGIS ou « mes » (possessif) mais « més » < MANSOS, MISSUS…

2. On prendra garde que, dans certains dialectes, ainsi que dans certains textes archaïques ou tardifs, la lettre « e » des finales en « -ed », « -et », « -ez » peut, comme celle des finales en « -es », représenter tantôt un [e central] atone et tantôt un [e] tonique. Le caractère tonique de cet [e] devra alors être marqué par l'accent. Il faut en avertir le lecteur dans l'introduction.

Ex. : « il **am**ẹt » <AMAT mais « am**é**t » <AMATUM ; « est**o**nez » (ind. prés. 2) mais « eston**é**z » (ind. prés. 5 ou participe passé).

3. Dans les mots se terminant en « -ee » ou en « -ees », on doit déterminer si le [e] tonique est en position finale ou non :

- « -ee » ne nécessitant pas d'accent parce que la voyelle tonique [e] est suivie d'un [e central] atone : c'est le cas de nombre de participes passés féminins, de substantifs féminins en -ee. Ex. « **ne**e » <NATAM ; « esp**e**e » < SPATAM ; « f**e**es » < FATAS.
- « -eé » nécessitant un accent sur la dernière lettre « e » parce que la voyelle tonique [e] est précédée d'un [e central] atone : c'est le cas d'un certain nombre de substantifs féminins en -e**é** < -ITATE : « sainte**é** » < SANCTITATE, « chaste**é** » < CASTITATE, etc. ; de participes passés masculins en -eé : cre**é** < CREATU, conre**é** (part. pass. masculin de conre**e**r), are**é** (part. pass. masculin de are**e**r), etc.

4. Les mots se terminant en « -eee » ou « -eees » sont tous des participes passés féminins dans lesquels la voyelle tonique est la pénultième suivie d'un [e central] atone ; l'accent est donc inutile.

Ex. : « cre**e**e » < CREATA, « conre**e**es » (part. pass. féminin de conre**e**r), etc.

5. Dans les participes passés féminins dits « picards » en « -ie » des verbes dont le radical se termine par un son palatal, la finale « -**i**e » représente une réduction de « -**i**ee » (cf. **3**). La lettre « e » ne doit donc pas être accentuée.

Ex. : « jugie », « prononchie », « fianchie… »

33. Tréma

Le tréma remplit dans l'édition des textes en ancien français et en ancien occitan deux fonctions distinctes, l'une métrique, l'autre phonétique. Ses deux emplois sont d'ailleurs généralement associés dans l'édition.

a. **Fonction métrique** du tréma.

Dans un texte **français** en vers, le tréma est placé sur un [e central] final de mot pour indiquer que cet [e central] placé devant un mot commençant par une voyelle doit entrer dans le compte des syllabes du vers et ne doit donc pas être élidé.

octosyllabes :	XX ans ensamblë esté orent[1].
	Arse e destruitë e robee[2].
décasyllabes :	Tant redoutons Guillelmë au cort nés[3].
alexandrins :	Martins s'en va o luy et Brissë ensement[4].

Dans les textes **occitans**, on observe en théorie la même règle en n'oubliant pas que la voyelle finale atone peut être [a], [e], ou [i]. En pratique le problème se pose moins souvent, les scribes ne notant généralement pas une voyelle finale « e » ou « a » qui doit être élidée ou une voyelle qui disparaît lors de l'enclise (voir § **29**) : dans un tel système, une voyelle finale atone notée sur le manuscrit doit donc entrer dans le compte des syllabes. Noter que le [i] posttonique atone est généralement maintenu dans la graphie même lorsqu'il ne doit pas entrer dans le compte des syllabes héxasyllabes : « jal sen de Salamon / nil saber de Platon / ni l'engens de Virgili / d'Omer ni de Porfili »[5].

b. **Fonction phonétique** du tréma.

Le tréma permet en ancien français comme en ancien occitan de marquer la diérèse, c'est-à-dire d'indiquer les cas où deux graphèmes consé-

1. *Richars li biaus, roman du XIIIe siècle,* édité par Anthony J. Holden, Paris, 1983 (*Classiques français du Moyen Âge*, 106), p. 27, v. 77.

2. *Benoît de Sainte-Maure, Le roman de Troie*, extraits du manuscrit de Milan... édités par Emmanuèle Baumgartner et Françoise Vielliard, Paris, 1998, p. 110, v. 2872.

3. *La prise d'Orange, chanson de geste de la fin du XIIe siècle*, éditée d'après la rédaction AB... par Claude Régnier, Paris, 1967 (*Bibliothèque française et romane*, série B, 5), p. 60, v. 428.

4. *La Belle Hélène de Constantinople, chanson de geste du XIVe siècle*, édition critique par Claude Roussel, Genève, 1995 (*Textes littéraires français*, 454), p. 629, v. 13009.

5. Mario Eusebi, « L'*ensenhamen* di Arnaut de Mareuil », dans *Romania*, t. 90, 1969, p. 14-30, en part. p. 17, v. 5-8.

cutifs notent deux voyelles appartenant à deux syllabes différentes, et non pas une diphtongue. Mais on réserve l'emploi du tréma dans l'édition de textes aux cas où deux (voire trois) signes graphiques consécutifs notent en ancien français deux voyelles appartenant à deux syllabes différentes, alors qu'en français moderne ces mêmes lettres devraient être, soit interprétées comme notant une seule voyelle (a+i, a+u, e+a+u, e+i, e+u, o+e, o+e+u, o+u), soit lues en une seule syllabe car elles notent une semi-consonne suivie d'une voyelle appartenant à la même syllabe (u+i [« lui »], o+i [« roi »], i+o [« lion »], i+e [« pied »]). Dans les groupes de deux graphèmes consécutifs qui n'existent pas ou n'existent que très rarement en français moderne, le tréma est en principe inutile : « deable », « eage », « aombrer », « aorer », « veoir ».

Si le scripteur médiéval utilise un digramme avec plusieurs valeurs (généralement deux), il peut être nécessaire de préciser, en utilisant le tréma, la valeur (diphtongue ou voyelles en hiatus) de ce digramme :

Ex : le copiste du manuscrit de l'Ambrosienne de Milan du *Roman de Troie* de Benoît de Sainte-Maure utilise le digramme « oe » en concurrence avec « ue » pour noter la diphtongue [oe], produit de [o ouvert] accentué et libre, comme dans « poeple » ; mais il l'utilise aussi pour noter deux voyelles en hiatus, comme dans « pröesce », « söe », L'utilisation du tréma dans le second cas permet de distinguer la seconde valeur du digramme.

L'emploi du tréma phonétique peut impliquer un jugement sur l'état de langue : la graphie « reine » peut correspondre encore à « reïne » conformément à son origine latine (REGINA) ou déjà à « **rei**ne ». Il faut donc traiter différemment textes en vers (dans lesquels le compte des syllabes et la nature de la rime peuvent donner une indication sur l'état de la langue) et textes en prose.

1. Dans les textes en **prose**, le tréma doit être utilisé avec prudence et parcimonie :

- pour distinguer des homographes ou presque homographes.

Ex. en français : « païs » (= pays) et « pais » (= paix) ; « veü » (= vu) et « veu » (= voeu) ; « oïr » (= entendre) et « oir » (= héritier) ; « oïe » (= entendue) et « oie » (= oie) ; « müer » (= changer) et « muers » (= tu meurs) ; « aüner » (= rassembler) et « auner » (= mesurer) ; « fïer « (= avoir confiance) et « fier » (= féroce) ; « traïrons » (futur 4 de traïr) et « trairons » (futur 4 de traire).

L'occitan possède moins de diphtongues que l'ancien français, mais on utilise le tréma pour distinguer « aür » (= augure) et « aur » (= or), « paìs » (= pays) et « pais » (= paix), « raina » (= grenouille) et « raïna » (= querelle)…

- pour marquer des hiatus qui existent depuis l'ancien français jusqu'au français moderne mais que les graphies médiévales peuvent masquer.

  Ex. : « traïson » (= trahison) et non « traison », « lëautez » (pour « lealtez » = loyauté) et non « leautez ».

2. Dans les textes **en vers**, le compte des syllabes d'un vers, ainsi que les indications fournies par la rime, permettent un emploi plus large du tréma. Mais il faut en tout cas, avant d'introduire un tréma :

- compter les syllabes du vers (et si le mot se trouve à la rime, considérer le mot avec lequel il rime),
- se demander si l'évolution phonétique du mot a comporté, à un moment de son histoire, un hiatus ou non, en d'autres termes si l'hiatus est possible.

  Ex. : « Grant force aveit e grant vertu / E par maint regne iert ce seü »[6] : se**ü** <SAPUTU ; d'autre part « seü » rime avec « vertu » et compte pour 2 syllabes dans l'octosyllabe. Le tréma est nécessaire.

  « Mout par demenot grant pröece / E mout amot gloire e largece »[7] : pr**öe**ce<PRODITIA ; d'autre part, « pröece » rime avec « largece » et compte pour 2 syllabes dans l'octosyllabe. Le tréma est nécessaire.

La place du tréma phonétique n'est jamais liée à la position de la voyelle (première ou deuxième place dans le groupe), mais à sa nature.

- Dans les groupes contenant un « i », le tréma est placé sur cet « i » (on évite ainsi les successions tréma+point: « iё », ou « üi »…). On imprimera donc : « aï », « eï », « ïe », « oï », « uï ».

N.B. On porte aussi un tréma sur le « y » quand celui-ci est employé en concurrence avec « i » ou à sa place et que l'on veut marquer la diérèse.

Ex. : « pa**ÿ**s » (comme « païs ») et « pa**y**s » (comme « pa**i**s »).

6. *Benoît de Sainte-Maure, Le roman de Troie…*, p. 48, v. 731-732.

7. *Ibid.*, v. 735-736

- Dans les autres groupes, le tréma est placé sur « u », à défaut de « u » sur « o », et seulement à défaut de « o » sur « e ». On imprime donc : « aü », « üe », « eü », « eö », « öe ». La rareté de l'emploi du tréma sur « e » permet de combiner la notation de la diérèse et la notation de la voyelle (ou de la diphtongue) tonique en syllabe finale : « l**ié** » (<l**ae**tu) est ainsi distingué de « lï**é** » (<leg**a**tu).

Dans le cas où le trigramme « eau » ne représente pas une triphtongue (« b**eau**s »), mais un [e central] atone devant une diphtongue [au], c'est cet [e] qui doit porter le tréma : « lë**au**tez », « rë**au**me… »

MAJUSCULES

Deux principes valent pour le latin comme pour les langues vulgaires :

- Ne pas tenir compte des usages du scribe. L'emploi des lettrines et des majuscules d'un manuscrit bien ponctué aide néanmoins à percevoir les intentions stylistiques du scribe, sinon celles de l'auteur ; il doit être étudié en tant que tel et à part.
- Se rapprocher le plus possible de l'usage contemporain correct, en résistant à l'utilisation abusive de la majuscule pour mettre un nom commun en relief à l'intérieur d'une phrase.

34. Principes généraux

On emploie la majuscule :

- au début de chaque paragraphe ;
- après un point final de phrase ;
- à l'initiale des noms propres de personne et de lieu (réel ou imaginaire) ;
- à l'initiale des noms communs employés absolument pour renvoyer à une personne, à une divinité, à un personnage allégorique, etc.

Ex. : « Apostolicus », « l'Apostoile » (= le pape) ; « Apostolus » (= saint Paul) ; « Precursor » (= saint Jean-Baptiste) ; « le Tres Chrestien » ; « Dangier, Honte et Poor m'encombre, / et Jalousie et Male Boiche[1] »

Les titres et fonctions, même employés absolument, ne prennent jamais de majuscule

Ex. : « dominus rex », « Karolus imperator », « madame la reine », « li cuens », « le roi tres chrestien », « beatissime pater », « excellentia sua », « magnitudo vestra », « pontifex Romanus ».

1. *Guillaume de Lorris et Jean de Meun, Le roman de la Rose,* publié par Félix Lecoy, 3 vol., Paris, 1965-1970, t. I, p. 126, v. 4070-4071 (*Classiques français du Moyen Âge*, 92).

N.B. Les noms des mois et des jours ne prennent jamais de majuscule, même s'ils dérivent d'un nom de divinité.

Ex. : « januarius », « die jovis », « idibus maii », « ou moys de genvier », « le diemoinche », « diluns », « al digous de la Sena ».

35. Noms religieux

a. Prennent une majuscule les noms se rapportant à la Trinité et à ses personnes, à la Vierge, les substantifs ou adjectifs pris au sens absolu pour les désigner, mais ni les adjectifs, articles ou substantifs épithètes les accompagnant, ni les pronoms les désignant.

Ex. : « Deus » , « Dominus » (= le Seigneur, par excellence, non le « seigneur de tel lieu »), « Damedieu », « Pater » pris absolument ; « Jesus Christus », « Filius », « Salvator », « Redemptor », etc. pris absolument ; par exception « Spiritus Sanctus » et « Sanctus Spiritus » prennent aussi la majuscule à l'adjectif ; « Virgo » (mais « beata Virgo », « saincte Vierge »).

On peut donc proposer :

- « in nomine Patris et Filii et Spiritus Sancti » ; « el nom dou Pere et dou Fils et del Esprit Sainct » ;
- « in nomine Domini aeterni » ;
- « in nomine Salvatoris » ;
- « ou nom nostre Seigneur » ;
- « in nomine domini et salvatoris nostri, redemptoris mundi, filii unigeniti Jesu Christi » ;
- « au nom de nostre seigneur Jesu Crist » ;
- « Pater noster qui es in caelis » ;
- « in nomine sancte et individue Trinitatis ».

b. On met une majuscule à « Satan », « Lucifer », etc., mais pas aux titres de hiérarchie céleste (« diable », « archange » , etc.) ; on met aussi une majuscule aux noms des divinités antiques (« Jovis ales », « Musae », « Nymphae », etc. ; mais « musa Clio » et « li dieus del mont Olympe », « dii inferi »).

c. On met une majuscule aux noms des fêtes de l'année (« Nativitas Domini », « Pasques fleuries », « les octieves de Pasques », « Brandones »,

« dies jovis post Oculos », « die qua cantabitur Letare », « le jeudi aprés Jubilate », « lou mardiz devant les Chandoilles »). Dans les expressions composées, la majuscule n'est affectée qu'au premier mot (et à un éventuel nom propre venant ensuite) : « Rami palmarum », « Omnes sancti », « Letare Jerusalem », « landemain de la Touz sainz », « lou vendres davant la Mige quaresme », « la Mey quaresma ».

d. Pour les événements de la vie du Christ cités comme point de départ du calendrier, on met une majuscule quand le substantif est seul et pris absolument (« anno ab Incarnatione MXLV », « anno Passionis ») ; on ne met pas de majuscule si le substantif est déterminé par un complément ou un adjectif : « anno incarnationis Domini », « anno incarnationis ejus », « anno ab incarnatione dominica ».

e. On mettra de même une majuscule au premier mot des noms des périodes liturgiques : « Adventus », « Quatuor tempora », « Rogationes », « Quadragesima », etc.

f. Dans le cas des noms de saint, l'épithète (« sanctus », « sainct », « beatus », « domnus » etc.) :

- prend une minuscule quand on parle de la personne même du saint : « miracula sancti Johannis », « sainct Jehan, prie por nous ».
- prend une majuscule quand on parle de sa fête : « ad Sanctum Johannem MCCCXII », « a la Saint Jehan », « entre la Saint Remei et la Saint Martin en yver ».
  Si l'expression désigne clairement la fête (« festum », « festivitas » etc.) par rapport à la personne même du saint, on écrit logiquement, sans majuscule : « in festivitate sancti Remigii », « a la feste monseigneur saint Denis », « le mardi devant la feste sainte Katherine ». De même, l'on peut proposer : « l'an de l'incarnacio Jhesu Crist mil e dos cenz e seyssanta, lo dielus avant la festa de toz sanhz ». Par ailleurs, on écrira : « a la Chaire de saint Pierre », « ad Cathedram beati Petri », car il s'agit de la fête de la chaire, et de la chaire du saint. Dans le cas de l'octave, de la vigile, du lendemain, etc., on renvoie à la fête et pas au saint. On écrira donc : « in crastino Sancti Johannis » ; en langue vulgaire, le nom de la fête du saint est d'ailleurs précédé de l'article : « ad terminum Sancti Johannis », « au terme de la Saint Jean ».
- prend une majuscule quand on renvoie aux noms de lieu et d'établissement religieux, comme aux noms de navire, selon l'usage du français

moderne, mais l'on n'emploie jamais de trait d'union à la différence du français moderne (cf § **23**).

Ex. : « abbatia Sancti Germani de Pratis », « ecclesia Beate Marie », « en l'eglise Saincte Marie de Tours », « la Saincte Jehanne est bele nef » ; mais bien sûr « in ecclesia beato Martino dicata », « donamus Deo et sancte Marie », puisque l'on renvoie ici au saint lui-même. Mettre ou non une majuscule initiale aux adjectifs « sanctus », « beatus »..., quand ils renvoient au nom d'un établissement ecclésiastique, n'est pas innocent, car derrière le parti suivi se cache une appréciation, délicate, du statut de la propriété ecclésiastique. Opter pour la majuscule (et, en français moderne, pour un trait d'union après l'adjectif) met l'accent sur la désignation d'un toponyme, d'une personne morale (« monastère de Saint-Denis », « possessions de Saint-Denis à Catenoy », lat. « monasterium Sancti Dionysii », « res Sancti Dionysii »...) ; employer la minuscule, au contraire, indique que le saint, en personne, est considéré comme propriétaire des biens, comme patron des moines, etc. Cette seconde conception a manifestement le pas sur l'autre, jusqu'à des dates variables (au moins jusqu'au XIe siècle en France du nord) ; mais ses indices explicites sont rares, les plus flagrants étant offerts quand, dans la phrase, un mot possessif ou un pronom personnel renvoie au saint (dans des tournures du type « biens de saint Denis, qui poursuivra de son courroux les usurpateurs », « biens offerts à saint Denis et posés sur son propre autel », « biens offerts à saint Denis et aux moines qui le servent »... ; par opposition à « biens offerts à Saint-Denis et abandonnés sur l'autel de ce lieu »). Pour plus de difficulté, cette conception « personnelle » est restée vivace alors même que la tendance « toponymique » l'emportait (voir encore, au XIIIe siècle, dans le prologue de la traduction par Jean de Flixecourt du *De excidio Troiae* de Darès le Phrygien : « ensi comme je le trouvai en un des livres du livraire mon seigneur saint Pierre de Corbie » [= ainsi que je l'ai trouvé dans un des livres de la bibliothèque de mon seigneur saint Pierre dans ses possessions de Corbie] : le titre de respect « mon seigneur » précédant saint Pierre renvoie au saint lui-même).

L'éditeur devra donc traquer les indices, prendre une décision générale, et l'appliquer avec souplesse aux cas non explicites.

36. Noms d'institutions

Comme en français moderne, l'emploi des majuscules doit être sévèrement contingenté pour désigner les institutions médiévales, dont le nom renvoie souvent à des réalités concrètes encore très prégnantes. On propose de limiter l'emploi des majuscules :

a. Aux noms des institutions éminentes.

Ex. : « Ecclesia » pour la seule Église universelle, par opposition au bâtiment, et même au diocèse (quand l'évêque dit « ecclesia nostra ») ; « Imperium » pour l'Empire, par opposition à « imperium regni nostri » ; « Regnum » pris absolument pour le « royaume des cieux », mais « regnum Francie » ou « regnum » pour le royaume [de France].

b. Aux noms communs pris absolument, dans un emploi institutionnel précis.

Ex. : « Camera » (pour la Chambre apostolique, organe financier central de la papauté, par opposition aux actes pontificaux pris « in camera », étymologiquement dans la chambre à coucher et commandés à des secrétaires, par opposition aussi à la « camera » [trésor] d'un évêque, à la chambre d'une maison...), « Sedes apostolica » et « sancta Sedes » (par opposition au siège/trône), « Curia regis » et « Cour le roi » (si l'on renvoie à l'ensemble institutionnel, pas à la « vie de cour »), « requêtes de l'Hôtel » et « requêtes du Palais » (respectivement nom commun et nom topographique, pris absolument pour renvoyer à l'Hôtel du roi et au Parlement), « Échiquier » du roi d'Angleterre, « Châtelet » de Paris...

En toute logique, on met une majuscule à « Parlamentum », « Parlement » quand l'institution est unique et bien différenciée, mais « parlamentum » et « parlement » quand on se réfère à la réunion (« in parlamento Sancti Martini », « ou parlement de la Sainct Martin »), ou que le mot est suivi d'une précision topographique (qui implique que l'institution n'est plus unique) : « parlement de Paris, de Toulouse » (on peut bien sûr garder « Parlement » quand on renvoie par ce seul mot au parlement de Paris). De la même façon, la majuscule distinguera les « Jours de Troyes » (délégation stable du Parlement) et les « jours du bailliage de Vermandois » au Parlement.

L'usage pour les textes médiévaux est toutefois différent de celui des textes du XVIe siècle : dans le cas d'expressions composées prises absolument, l'usage moderne (applicable aux textes du XVIe siècle) est en effet de mettre des majuscules au premier substantif et le cas échéant à l'adjectif qui le précède : « le Saint Empire romain germanique », « le Saint Siège ».

37. Adjectifs toponymiques ou ethniques

a. Les adjectifs formés sur des noms de lieu ou de peuple ne prennent la majuscule que s'ils se rapportent à une personne physique ou morale, à un nom désignant une communauté d'individus.

Ex. : « episcopus Parisiensis », « comes Flandrensis », « ecclesia Laudunensis », « diocesis Noviomensis », « civitas Trecensis ».

b. Ils prennent une minuscule quand ils renvoient à des choses, à des *realia*.

Ex. : « moneta parisiensis », « solidus raimondinus », « CC sol. de caorcencs », « ad mensuram laudunensem », « mos gallicanus », « lingua gallica ».

38. Noms de lieu composés

a. Les noms de lieu composés prennent une majuscule au premier terme du mot composé, quelle qu'en soit la nature, et au substantif.

Ex. : « Calvus Mons », « Grande Pratum », « Majus Monasterium ».

b. L'adjectif qui suit le substantif ne prend pas de majuscule, sauf s'il s'agit d'un adjectif d'origine géographique ou anthroponymique (§ **37**).

Ex. : « Mons calvus », « Boscus regius », « Vallis clara » ; mais « Monasterium Dervense » (quand il s'agit d'un toponyme, ici Montier-en-Der, et pas de l'établissement lui-même, qui s'écrit « monasterium Dervense »), « Mons Sancti Michaelis ».

c. Les toponymes commençant par une préposition ou un article prennent des majuscules au premier mot et au premier substantif cité (et aussi, le cas échéant, au nom propre qui peut y être adjoint).

Ex. : « La Châtre », « La Ferté Bernard », « La Roche Guyon ».

Il existe des cas où l'on ne peut être sûr que toponyme soit déjà constitué en tant que tel : « un camp a la borde de Fay » ou « un camp a La Borde de Fay »? L'éditeur se fondera sur d'autres passages du texte ou sur ce qu'il a observé des usages de la région et de l'époque ; s'il trouve des expressions du type « au lieu qu'on dit ... », c'est que le toponyme est fixé. Dans l'incertitude, il adoptera au moins un système homogène, en en avertissant le lecteur.

Ex. : « un jornal de terre qui siet en icel leu c'on dist Au Ru do Fraigne », « en icel leu c'on dist Aus Braces »[2] ; mais « la coste lou Buteiz », « au champ Aubri lou Saunier »[3].

39. Noms de personne

Les éléments de désignation ajoutés au nom personnel (notre actuel « prénom »), noms de profession, sobriquets, qualificatifs d'origine etc., deviennent progressivement héréditaires au cours du Moyen Âge, à des époques variables selon les régions, généralement pas avant la fin du XIIIe siècle[4]. À partir du moment où ces « surnoms » sont devenus des « nomina paterna », des « noms de famille » (dits encore *surname* en anglais), ils doivent recevoir une majuscule. Le choix, délicat, a aussi une incidence quant à l'organisation des entrées de l'index.

a. Les sobriquets, héréditaires ou non, qui constituent une partie intégrante du nom de l'individu, reçoivent toujours une majuscule. Lorsqu'il s'agit d'une locution composée, seul le premier mot, quelle qu'en soit la nature (même « a » ; en ce qui concerne l'article, voir **b**), recevra la majuscule (outre un éventuel autre nom propre). En langue vulgaire, on ne

2. *Documents linguistiques de la France, série française,* t. I, *Haute-Marne* ,..., n° 115, p. 126-127.

3. *Ibid.*, n° 85, p. 215-220.

4. Voir la série des *Etudes d'anthroponymie médiévale* publiées à Tours sous le titre « *Genèse médiévale de l'anthroponymie* » sous la direction de Monique Bourin *et alii* à partir de 1986.

cherchera pas à dissocier les éléments du sobriquet pour en expliquer l'étymologie. En latin, au moins pour la France, on dissocie les éléments constitutifs en fonction de l'étymologie, car il est manifeste qu'il s'agit de retraductions latines de sobriquets en langue vulgaire (en Italie, par contre, on peut les éditer tels quels, car il s'agit souvent moitié de latin, moitié de langue vulgaire).

Ex. : « Jehan Boileve », « Johannes Qui bibit aquam » (France), « Albertus Amazzabovem » (Italie), « Jehan Serjenz », « Jehan Aus espees », « Jehan Au petit », « Jehan A la Marie », « D. Mala mosca » ; « Deus salvet » : surnom auguratif utilisé comme nom personnel ; noter aussi au génitif, « Signum Dei salvet » (acte de 1236)[5], et le même surnom en langue d'oc appliqué à un autre personnage « in terra Deuslosaut » (1245)[6].

b. L'emploi de l'article pose, pour les noms exprimés en langue vulgaire, les mêmes problèmes que pour les toponymes : lui affecter une majuscule signifie qu'on juge héréditaire le surnom, éventuellement soudé à l'article.

Ex. « Pierre le moine de Bucy » (Petrus, monachus de Buciaco : qualification socio-professionnelle) ; « Pierre le Moine de Bucy » (Petrus Monachus, de Buciaco : sobriquet personnel) ; « Pierre Lemoine de Bucy » (Petrus Monachi, de Buciaco : patronyme héréditaire).

L'éditeur doit donc se livrer à une étude sur l'ensemble du matériau, se fonder sur sa connaissance des usages de la région et de l'époque ; adopter ensuite un parti et, surtout, s'y tenir et avertir le lecteur.

40. Titres d'œuvres littéraires

Pour un titre d'œuvre littéraire, on met une majuscule au premier mot du titre et aux noms propres qui y sont contenus : « in Psalmos », « in Boecio De consolatione Philosophiae », « in libro De amicitia ». On ne mettra la majuscule à « Livre » (Liber) que si « Livre » fait partie du titre : « li Livres de jostice et de plait ». Sur l'emploi de l'italique pour les citations de titres d'œuvres, voir § **48a.**

5. *Recueil des chartes de l'abbaye de Lagrasse*, t. II (1117-1279), publié par Claudine Pailhès, Paris, 2000 (*Collection des documents inédits sur l'histoire de France*, in-8°, 29), n° 150, p. 185.

6. *Ibid.*, n° 164, p. 205.

PONCTUATION

On rétablit, en matière de ponctuation, l'usage moderne, en prenant soin, une fois le texte édité, de revoir la ponctuation dans son ensemble, afin d'harmoniser son emploi[1]. Le système de ponctuation employé par le scripteur sera, le cas échéant, étudié en tant que tel, mais à part.

41. Point

Le point a pour fonction d'indiquer la fin de la phrase.

Dans les publications d'actes, le point sert à séparer chacun des éléments du discours : invocation ; bloc suscription-adresse-salut ; préambule ; exposé ; dispositif (si ces trois derniers constituent des phrases distinctes) ; clauses finales et corroboration ; liste de témoins ; date (et même, le cas échéant, la date introduite par *Actum* et celle qu'introduit *Datum* sont séparées par un point). On n'hésitera pas à employer le point, même si telle partie du discours est reliée à la précédente par une conjonction.

Ex. : « In nomine sancte et individue Trinitatis. Ego Mauricius, Dei gratia episcopus Parisiensis, omnibus hec visuris, salutem. Sicut accepimus (...). Et ut firmum permaneat, sigilli mei impressione roboravi. Testes interfuerunt : (...). Actum Parisius (...) ».

1. Comme pour tout le fascicule, nous insistons sur le fait que les conseils qui suivent reflètent la pratique française, les autres pratiques européennes étant notablement différentes.

42. Point d'interrogation et d'exclamation

On rétablit, selon l'usage moderne, les points d'interrogation à la fin des phrases interrogatives, et les points d'exclamation après les interjections.

Ex. : « proh dolor ! », « Diex m'aïe ! » « Vont il le pas ou il s'an fuient ? »[2].

43. Virgule

La virgule sert :

a. À séparer les parties de même nature (sujets, verbes, etc.), dans une même proposition, quand il n'y a entre elles aucune conjonction.

Ex. : « per quas litteras damus, concedimus, tradimus et confirmamus donamusque » ; « Ge Joffrei de Rochefort, vaslez, sires de Rochefort sur Charente, filz fehu Joffrei de Rochefort ».

L'emploi des virgules dans les titulatures, en particulier celles de *miles* et *dominus* aux XIe-XIIIe siècles, est délicat ; l'éditeur prend, dans certains cas, parti sur des questions d'histoire sociale. « Johannes, miles, de Behericurte » (qualité sociale + origine géographique) n'est pas « Johannes, miles de Behericurte » (selon les époques, attachement à une *familia* castrale ou indication d'une modeste domination de village), etc. Dans le doute, il vaut mieux, en signalant le problème, adopter un parti uniforme (et économiser les virgules).

b. À séparer des propositions courtes et de même nature ; dès qu'elles sont de quelque longueur, on n'hésitera pas à recourir au point-virgule.

c. À séparer chacun des éléments du bloc suscription-adresse-salut et chacun des éléments de la datation d'un acte.

Ex : « Je Gautiers, chevaliers, sires de Nemos et marichaus de France, a touz çaus qui verrunt ces presentes, salut an nostre Seignour » ; « Ce fu fait a Cleresvaus, en l'an de grace mil deus cens et soissante, ou mois d'avril, le mecredi

2. *Les romans de Chrétien de Troyes édités d'après la copie de Guiot (Bibl. nat. fr. 794), V, Le conte du graal (Perceval),* publié par Féllix Lecoy, tome I, Paris, 1973 (*Classiques français du Moyen âge*, 100), p. 14, v. 292.

aprés la close Pasque » ; « Actum Parisius, in sancta synodo, anno gratie M° CC° LXII°, indictione XV, feria III post Letare ».

d. À isoler tout ensemble de mots que l'on pourrait supprimer sans entraver l'intelligibilité de la phrase : on place entre virgules les propositions circonstancielles, les ablatifs absolus (sauf s'ils sont très courts), les relatives explicatives, les membres de phrase en apposition, bon nombre d'incises, les propositions courtes intercalées (du type « ut ait », « sicut videtur », « ut dictum est », « dit il », « inquam », etc.).

Ex. : « Petrus, non meis exigentibus meritis sed sola Dei gratia episcopus Parisiensis, omnibus has litteras inspecturis vel audituris, salutem in Salutifero. Noveritis quod, cum diu fuisset litigatum ante presentiam nostram, tandem accordatum fuit ... » ; « Johannes, prior Sancti Petri, dixit » ; « Johannes prior et omnes monachi de Sancto Petro » (plutôt pas de virgule ici car « de Sancto Petro » est en facteur commun) ; « Je Alix, que fui famme Boichuet de Dole, donzel, fais savoir ... » ; « Henri dit Sejorné de Valençay e Perronelle sa feme, establi en droit en la court mon segnor de Saint Aignien en Berri, ont requeneu que il, por amor de Deu e por le salu de lor ames, ... ».

e. L'emploi de virgules avant de simples mots mis en apposition est à proscrire absolument. Un sujet ne doit pas être séparé du verbe, ni un verbe du complément direct, sinon par deux virgules formant incise.

Ex. : « Carolus rex precepit... » ; « Nos maitres Morés, doiens et curez de Chaumont, et je Girarz, prevoz d'ice leu, faisons savoir a touz que... »

f. On ne sépare pas par une virgule une proposition relative déterminative de son antécédent, ni une proposition complétive du verbe principal.

Ex. : « donamus locum qui dicitur Mansus Vollardi cum omni justitia » ; « el mas et ela tenenza que om apela del Poz ».

Cette règle permet de distinguer les conjonctions causales (quia, quomodo, quoniam, etc.) ou finales (ne, ut, etc.) des simples complétives.

Ex. : « dico ut veniat » (je dis qu'il vienne) et « hoc dico, ut veniat » (je le dis, pour le faire venir).

« Je vos mant et faz a savoir a toz que les choses que

[*introduit la première relative dépendant de* « choses »] nos aviens saissies de par le roi, que [*introduit une seconde relative dépendant de* « choses » *en incise entre deux virgules*] l'abes et li covanz de Miroaut avoient aquisses vers mon seignor Joffroi de Boullaimmont et vers son pere, qui [*introduit une troisième relative dépendant de* « choses »] sient a Parnei desoz Miroaut et au molin c'on dit de Froi Colain desoz Boullainmont, que [*conjonction finale introduisant l'ordre du mandement*] vos, prevoz de Montesclaire [*incise expliquant* « vos » *et mise entre virgules*], les quitez et dessaissisiez... »[3].

44. Tirets et parenthèses

On évite, comme en français moderne, de placer entre tirets ou entre parenthèses des incises quand elles peuvent être séparées par des virgules. On réserve tirets et parenthèses aux constructions très complexes.

45. Point-virgule

On peut séparer avec le point-virgule des propositions semblables d'une certaine étendue, mais aussi les divisions majeures d'une longue phrase, lorsque la virgule marque les divisions mineures.

Ex. : « Donamus totam villam de Faio, sicut excollitur per Aldum et Richardum massarios et eorum liberos, et mensurata fuit per bonos homines extimatores Richildum atque Johannes ; necnon et silvam de Bello Bosco, inter quam currit flumen Tressinaria, et est de mensura legitima XVI jugera ; et mansos III, qui reguntur per Teuzonem masarium... ».

46. Deux-points

On n'hésitera pas à employer le deux-points devant une énumération, en particulier lorsqu'elle est annoncée par *hic, scilicet, videlicet,* etc.

3. *Documents linguistiques de la France, série française,* t II, *Vosges*, n° 15.

Ex. : « Testes sunt ex parte monachorum : Andreas pistor, Amolbertus serviens, Richardus ; ex parte comitis : Gausbertus filius ejus, Nicolaus filius Bernardi et alii quamplures ».

Ne pas oublier que l'usage des majuscules après deux points, ainsi qu'après les guillemets, n'est pas automatique, mais dépend de l'autonomie du texte annoncé : on n'emploie une majuscule que si la phrase qui suit le deux-points est complète.

CITATIONS

47. Mots exprimés dans une autre langue

Il arrive fréquemment, surtout dans les actes et les documents d'archives, que l'auteur introduise des mots ou groupes de mots exprimés, jusque dans leur forme grammaticale, dans une autre langue : ainsi, dans un texte latin, des noms propres de lieu et de personne, des termes techniques peuvent être exprimés en langue vulgaire. Ces mots seront soigneusement repérés et édités en italique si le corps du texte est édité en romain. Mais on n'utilise pas l'italique pour les termes latins du calendrier employés dans un texte en langue vulgaire, dans la mesure où ils sont usuels : « ou diemanche aprés Quasimodo [Letare...] ».

Ex. : « unum *palissengle* sive cremallum ferri » (inventaire des biens de feu Arnaud André, collecteur apostolique de la province de Narbonne et prévôt d'Agde, 1386, A.S.V., Coll. 152, fol. 175v).

« hiis non contenti, magnos lapides in eum projecerunt, vociferantes in suo vulgari : « *A luy ! a luy !* ». Et, hoc facto... » (lettre de rémission de novembre 1381)[1].

« triginta quinque pecias gallice *de quevrechiez de Chipre*, aliam peciam *de quevrechiez* continentem viginti pecias... » (arrêt du Parlement de Paris, 17 avril 1361)[2] : le fait que « gallice » soit avant « de » incite à mettre aussi ce dernier mot, qui pourrait être latin, en italique.

---

1. *Recueil de documents concernant le Poitou contenus dans les registres de la Chancellerie de France*, publiés par Paul Guérin et Léonce Celier..., Poitiers, 1891 (*Archives historiques du Poitou*, t. 21) n° 648, p. 174.

2. *La guerre de Cent Ans vue à travers les registres du Parlement (1337-1369),* par Pierre-Clément Timbal avec la collaboration de Monique Gilles..., Paris, 1961 (*Groupe d'étude d'histoire juridique*, 393), p. 265

a. Le problème est dans tous les cas de déterminer si le mot est vraiment exprimé **en langue vulgaire** : « Coissa », dans « Mattheus Coissa », peut être un nominatif singulier de la 1re déclinaison latine ou un mot occitan. La présence (pour un nom de personne ou de lieu) d'une expression du type « dictus », « vocatus » et même « qui vulgo dicitur » ne signifie pas que le scribe n'ait pas latinisé ce qui suit ; voir ainsi dans un acte de 979 transcrit au cartulaire de Saint-Père de Chartres[3] : « villa que communi vocabulo Probata Villa dicitur ». Il n'en va évidemment pas de même quand, à la fin du Moyen Âge, des remarques proprement linguistiques sont faites, au moyen par exemple de l'adverbe « *gallice* ».

On doit prescrire une grande prudence et déterminer quelques points de repère stricts :

- Non-respect de la flexion latine :

  « apud villam *Nogent* »

  « qui dicitur *Aurion,* vulgo tamen nuncupante *Evron* » (acte de 985 copié dans le cartulaire de Saint-Père de Chartres)[4].

  « in loco vocato Ad *Comastrail* »[5].

  « prope molendinum *dels Bartholmeus* quod vocatur de Podio » : « quod vocatur » est suivi d'un microtoponyme latinisé tandis que *Bartholmeus* (qui pourrait être à la rigueur un nominatif latin) est forcément exprimé en langue vulgaire (flexion latine non respectée et présence de l'article roman)[6].

  Mais « minora ligna, que vulgari nomine sive communi sic nominamus : fusellum, poinillum, fagum et boistam »[7] : on n'emploie pas d'italique ici, car les termes en langue vulgaire ne sont pas incorporés tel quels, mais latinisés.

  Dans certains cas, la forme à elle seule ne permet pas de faire la différence entre langue latine et langue vernaculaire. Un toponyme comme « Leneis » dans le nom « Odo de Leneis » (charte de 1178, éd. Laurent Veyssière, *Recueil des chartes de l'abbaye de Clairvaux, XIIe siècle*, thèse de l'École des chartes, Paris, 1998, n° 166) peut être aussi bien exprimé

3. *Cartulaire de Saint-Père de Chartres*, éd. Benjamin Guérard, Paris, 2 vol., 1850 (*Collection de documents inédits. Iere série, collection des cartulaires*, 1), t. I, p. 66.

4. *Ibid.*, p. 77.

5. *Recueil des chartes de l'abbaye de Lagrasse*, t. II..., n° 164, p. 205.

6. *Recueil des chartes de l'abbaye de Lagrasse*, t. II..., n° 252, p. 320.

7. Benoit-Michel Tock, *Les chartes des évêques d'Arras 1093-1203*, Paris, 1991 (*Documents inédits in-8°*, 20), n° 214 [1188-1189].

en vulgaire (il existe en France des toponymes Leigné, Lenay...) qu'en latin (abl. plur. de « Lenee »). C'est à l'éditeur de trancher sur la base d'indices extérieurs ; dans le cas précédent, le nom « Odo de *Laynes* » (cette dernière forme ne pouvant être qu'en langue vulgaire) rencontré dans un autre acte (*op. cit.*, n° 128) et l'existence dans la région d'un toponyme Laines-aux-Bois (Aube, cant. Troyes) lui font opter pour une forme latine, et une transcription « Odo de Leneis » (et non « Odo de *Leneis* »).

- Élision de « de » (« d' ») :
  « in manso *d'Albreta* »
  « Johannes *d'Estree* ».
- Présence de l'article défini :
  « in molendinis de *La Parada* »
  « campum, ubi habitat Johannes *li Moines* et uxor ejus »

b. Mots **en latin** dans un texte en vernaculaire : on applique les mêmes règles.

« *Aimiricus* de Reses donet lo mas de Beuna *Deo, sancti Marcialis* e a l'almosna, e·lz *omines* e las *feminas* ... per s'arma e per la si moiler *et per suos parentes* » (Brunel 351, vers 1120). Néanmoins, dans les actes du XIe et XIIe siècles en latin farci, il semble qu'il soit plus prudent de tout laisser en romain et d'avertir le lecteur. La solution proposée par Jean-Loup Lemaitre, dans son édition du cartulaire de la chartreuse de Bonnefoy[8] peut fournir un excellent modèle : l'édition est imprimée en romain, mais le glossaire relève systématiquement, en les faisant apparaître en italique, les mots qui pourraient être des formes occitanes, malgré les marques de cas latines dont ils peuvent être affectés.

48. Citation textuelle explicite

a. Toute citation textuelle, annoncée en tant que telle, sera placée entre guillemets, si elle est faite dans la même langue ; si la citation est faite dans une autre langue, elle doit être en outre imprimée en italique. Si elle est grammaticalement indépendante, elle doit être introduite par deux points

8. *Cartulaire de la charteuse de Bonnefoy*, édité par Jean-Loup Lemaitre, Paris, 1990 (*Documents, études et répertoires*).

et l'utilisation d'une majuscule au premier mot. La citation sera naturellement identifiée en note[9].

Ex. : Cil qui n'a talant de mentir,
li vilains, dit bien chose estable
que « trop a tart ferme an l'estable
quant li chevax en est menez ».[10]
et li saiges dit et retrait :
« Qui trop parole pechié fait ».[11]

Ex. : ... nihil timeo, quia, ut ait Apostolus, « absens autem confido in vobis » [1] ... ; [mais :] ... nihil timeo ; dixit enim Apostolus : « Absens autem confido in vobis » [1] ...
1. II Cor. 10, 1

b. Dans le cas où l'auteur abrège la citation par une formule du type « etc. », « usque ... », « ut supra », « in eodem modo », on imprimera ces mots en italique.

49. Citation de titres d'ouvrages

Si le titre exact, ou usuel, d'un ouvrage cité est donné, on l'imprimera en italique.

Ex. : et reperimus in libro *Judicum* : « Sacramentum septem testium ... » ... ; in *Libro usatici* prohibetur ...

50. Citation textuelle implicite

a. Si le texte d'un acte réincorpore — sans marquer les limites de l'emprunt — des extraits d'un ou plusieurs actes précédents (« rétroactes », all.

9. Sur les systèmes de références aux livres de la Bible, voir annexe.

10. *Les romans de Chrétien de Troyes édités d'après la copie de Guiot (Bibl. nat. fr. 794), III, Le chevalier de la charrete,* publié par Mario Roques, Paris, 1958 (*Classiques français du Moyen Âge*, 86), p. 212, v. 6953-6957. Voir Élisabeth Schulze-Busacker, *Proverbes et expressions proverbiales dans la littérature narrative du Moyen Âge français, Recueil et analyse*, Paris, 1985 (*Nouvelle bibliothèque du Moyen Âge*, 9) : Proverbe 151, p. 184.

11. *Les romans de Chrétien de Troyes édités d'après la copie de Guiot (Bibl. nat. fr. 794), VI, Le conte du graal (Perceval),* publié par Félix Lecoy, 2 vol., Paris, 1958 (*Classiques français du Moyen Âge*, 100), t. I, p. 55, v. 1651-1652. Voir Élisabeth Schulze-Busacker, *ibid.*, proverbe 2428, p. 319.

« Vorurkunden »), l'usage est d'imprimer dans un corps de caractère plus petit les extraits (et jusqu'à la lettre près) que l'on a pu retrouver.

Ex. : « Donamus quoque et confirmamus villas, quas avus noster Karolus dedit vobis, scilicet : villam Burbiniaci cum VII mansis necnon omnia appenditia ejus ... » [si le rétroacte avait : « villa Burbiniaci et mansos cum omnibus appenditiis »].

Le système, inauguré en Allemagne (« Petitdruck » ou « Petit » des éditions d'actes et de chroniques dans les *M.G.H.*) et en France (*Chartes et diplômes*), fournit des indications précieuses sur le processus rédactionnel, mais il a deux inconvénients : sa relative lourdeur de mise en œuvre typographique, et son manque de précision si l'acte réincorpore des extraits de plusieurs rétroactes ou réaménage en profondeur le rétroacte (dans l'exemple cité, on aurait eu la même présentation avec un rétroacte portant « villa Burbiniaci cum appenditiis et XV mansos »). Certains éditeurs emploient l'italique pour le second rétroacte ; d'autres numérotent les rétroactes et indiquent en marge le numéro de l'acte cité. Aucune solution n'est pleinement satisfaisante ; une étude raisonnée doit de toutes façons reprendre le travail de comparaison et l'on doit renoncer en ce domaine à tout perfectionnisme.

b. Il arrive souvent aussi que l'auteur réincorpore, sans les annoncer, et sous une forme plus ou moins exacte, des réminiscences bibliques, patristiques, voire littéraires. S'il convient de les identifier autant que possible, il est souvent impossible de les distinguer par des guillemets. On les signalera donc seulement en note. On prendra garde de plus au fait qu'une citation peut paraître inexacte, parce qu'elle est faite d'après une autre tradition que celle que nous admettons pour faire nos identifications (version non vulgate de la Bible, manuscrits corrompus d'auteurs latins, etc.).

51. Cas particuliers des textes à citations nombreuses

Dans certains types de textes postérieurs à 1200, dans lesquels les citations sont très nombreuses (textes doctrinaux) ou constitutives de la matière (sermons...), on complète dans le texte même les identifications des citations bibliques dont les références sont données par l'auteur selon l'usage scolastique qui consiste à insérer les références dans le texte. L'usage des éditeurs de sermons et d'œuvres religieuses est en ce cas d'éditer en italique les citations bibliques et entre guillemets les autres citations[12]. L'avantage est que les citations implicites, remaniées ou fondues dans la phrase sont plus facilement signalées par l'emploi d'italiques.

52. Dialogue

On indiquera seulement par des guillemets le début et la fin d'un dialogue ; par un tiret long sans alinéa le début de chaque intervention ; on mettra les incises entre virgules.

a. Texte en vers.

Exemple tiré du *Lai de l'Ombre*[13] et mettant en scène un chevalier cherchant à offrir à celle qu'il aime un anneau en gage de son amour :

« Tenez ! — Ja mes nel quier tenir.
— Si ferez. — Je non ferai voir.
Volez le me vous faire avoir
a force ? — Naje, bele amie. »

b. Texte en prose.

Exemple tiré de la *Mort le roi Artu*[14] : « Sire, j'ai fet vostre commandement, car j'ai gitee vostre espee el lac. — Et que as tu veü ? fet li rois. — Sire, fet il, ge ne vi riens, se bien non. — Ha ! fet li rois, tu me travailles ; va arrieres et la giete, car encore ne l'as tu mie gitee. »

---

12. Voir Louis-Jacques Bataillon, *les problèmes de l'édition des sermons et des ouvrages pour prédicateurs au XIIIe siècle,* dans *The editing of theological and philosophical texts from the Middle Ages*, acts of the conference... Univ. of Stockholm, august 1984, ed. Monique Asztalos, Stockholm, 1986, p. 105-120, et comme exemple d'édition de sermons, *Les sermons de Federico Visconti*, éd. Nicole Bériou, avec la collaboration d'Isabelle Le Masne de Chermont et de Pascale Bourgain, Rome, École française, 2000.

13. *Jean Renart, le lai de l'Ombre,* éd. par Félix Lecoy, Paris, Champion, 1979 (*Classiques français du Moyen Âge*, 104), p. 25, v. 800-804.

14. *La Mort le roi Artu, roman du XIIIe siècle,* édité par Jean Frappier, Paris, Genève, 3e éd. 1964 (*Textes littéraires français*), p. 248.

PRÉSENTATION DU TEXTE ÉDITÉ

53. Mise en page des manuscrits médiévaux

La mise en page des manuscrits médiévaux (pieds de mouche, répartition en paragraphes, chapitres, disposition particulière des textes versifiés, etc.) constitue désormais un objet d'études approfondies de la part des éditeurs de textes, après avoir été longtemps négligée. La doctrine sur le fait de savoir ce qu'il faut en reproduire dans l'édition est cependant loin d'être formée. Plus que partout ailleurs, l'éditeur doit chercher à concilier le respect d'éléments qui peuvent être signifiants et les commodités fournies au lecteur contemporain. Les conseils qui suivent s'appliquent aux cas où l'on ne reproduit pas intégralement la disposition originelle.

54. Repérage du texte

Lorsqu'un éditeur suit un manuscrit déterminé, il doit indiquer dans le texte même de son édition la foliotation ou la pagination du manuscrit qui doit figurer entre crochets carrés. Si un mot est coupé, les deux parties sont affectées chacune d'un trait d'union

Ex. : « sicut op-[fol. 149]-time videmus ».

- Les références aux feuillets, pages, colonnes et éventuellement lignes indiquent le début de ce qui suit : elle ne peuvent donc précéder la ponctuation, l'alinéa, etc.

  Ex. : Texte en prose : « … ils partirent ; [fol. 12] en chemin, ils virent… »

  Début du texte en prose dans le manuscrit de base, Paris, BNF, fr. 747 : « [fol. 77b] Mout fu iriez li anemis quant nostre Sire ot esté en enfer… »[1].

---

1. *Robert de Boron, Merlin roman du* XIII*e siècle*, édition critique par Alexandre Micha…, Genève, 1980 (*Textes littéraires français*, 281), p. 18.

Texte en vers : « Je ne faz mie grant outrage
se je vous vueil vostre anel rendre. [fol. 44a]
Il le vous covient a reprendre »[2]

- Système de référence. On peut proposer « p. » pour « page » ; « fol. » pour « folio » (plutôt que « f. » ou « f° ») ; rien pour « recto » ; « v » pour « verso » (plutôt que « v° ») ; et une suite de lettres minuscules a b c d (sans espace entre le chiffre du feuillet et la lettre) pour la numérotation des colonnes, à condition que la mise en page du manuscrit soit simple (deux colonnes par feuillet). Dès que la mise en page est complexe il vaut mieux utiliser a, b, c, pour chaque recto et verso.

  Ex. : « fol. 5 », « fol. 5v » ; « fol. 5a », « fol. 5b », « fol. 5c », « fol. 5d », mais « fol. 5a, 5b, 5c » et « 5va, 5 vb et 5vc ».

  Pour localiser une référence : « fol. 4-v » [= recto et verso], « fol. 4b-c » [= 2e colonne du recto et 1e du verso], « fol. 4va-b » [= première et seconde colonne du verso].

a. Dans les éditions de **textes littéraires en vers**, ces indications sont portées dans la partie droite de la page, à l'intérieur de la justification.

Ex. : « Je ne faz mie grant outrage
se je vous vueil vostre anel rendre. [44a]
Il le vous covient a reprendre »[3] 768

b. Dans les éditions d'**actes originaux**, la question ne se pose naturellement pas, sauf dans le cas d'actes longs établis en plusieurs pièces de parchemin (que l'on signalera à partir de la seconde) ou sur cahier (dont on peut signaler les pages à partir de la seconde). Il est absurde de porter de telles indications quand elles concernent des copies, même médiévales et uniques (la pagination ou foliotation extrême de l'acte doit être indiquée dans le tableau de la tradition de l'acte (voir fascicule II).

c. Les **documents d'archives originaux** (censier, terrier, registre de délibération...) et certains manuscrits édités tels quels, à la façon d'originaux (cartulaire-chronique, formulaire, registre notarié...) dont l'édition suit l'ordre de la présentation, seront traités comme des manuscrits littéraires.

2. *Jean Renart, Le lai de l'Ombre ...*, p. 24.
3. *Ibid.*

55. Indication des lignes

Sauf cas particulier (document de transcription délicate, édité avec reproduction dans un but pédagogique etc.), on ne donnera pas l'indication des lignes du texte dans l'original. Le cas échéant, on les indiquera en exposant entre deux barres verticales, ou entre crochet carrés (s'ils ne sont pas employés pour l'indication des feuillets). Les coupures de mots seront dans tous les cas indiquées par des traits d'union.

Ex. : « in do-$|^{5}|$-mo nostra » ou « in do-[5]-mo nostra ».

56. La présentation des textes littéraires

a. Pour les textes littéraires latins, français et occitans en **vers**, on édite le texte en respectant, voire en rétablissant, la forme du poème. On sépare par une ligne de blanc chaque laisse épique. On sépare par une ligne de blanc les différents couplets des pièces lyriques et les unités narratives dans les textes écrits en couplets d'octosyllabes. Ces unités narratives sont souvent indiquées dans les manuscrits par des signaux visuels (illustrations, lettrines). On peut reproduire les grandes initiales, ornées ou non, qui délimitent ces unités en les imprimant dans un corps particulier. On numérote les vers à droite du texte, de 5 en 5 dans les laisses épiques, de 4 en 4 s'il s'agit de rimes plates ou croisées, et en respectant le dessin strophique pour les poèmes en strophes. En latin, on numérote par strophes, et par vers à l'intérieur de la strophe, les poésies rythmiques.

b. Pour les textes littéraires en **prose**, on a avantage, s'il n'en existe pas à l'origine, à délimiter des chapitres en fonction du sens et à les numéroter (en chiffres romains), afin de faciliter la confection des index et glossaires. On évite ainsi l'inconvénient d'avoir à faire des renvois aux pages de l'édition imprimée. Là aussi l'organisation de la page dans le manuscrit choisi comme base peut servir de premier repère (présence de rubriques, d'illustrations, de lettres ornées). Si le texte est long, il peut être commode de superposer aux divisions définies par le copiste médiéval une division en éléments de structure ou de sens (de 5 à 10 lignes dactylographiées environ) ; on affectera un numéro (en chiffres arabes) à chacun de ces éléments. Les références (dans les index, dans le glossaire) se feront alors sous forme d'un nombre en chiffres romains (correspondant au chapitre) suivi d'un nombre en chiffres arabes.

57. La présentation des actes

On ne propose ici que quelques éléments de réflexion (voir fascicule II sur le détail des conventions adoptées par les éditeurs).

a. L'original est toujours disponible.

Les actes médiévaux (dont la présentation est en partie tributaire, à l'origine, des inscriptions sur pierre) sont généralement écrits à longues lignes, en un seul bloc. Les éditeurs admettent aujourd'hui de suivre cet usage, et de disposer le texte de l'acte en un seul paragraphe[4].

Un certain nombre d'**exceptions** ou de cas particuliers se présentent toutefois.

- Certaines parties du début et, plus souvent, de la fin de l'acte sont nettement distinguées (parfois mises en relief, plus souvent séparées) et occupent à elles seules **une ligne ou un alinéa spécial sur l'original** ; dans certains cas, elles peuvent être en outre individualisées par l'emploi d'un autre type d'écriture ou de caractères. En tête de l'acte, un ou plusieurs éléments du protocole (invocation ; suscription...) peuvent occuper la première ligne, la suite de l'acte reprenant à la deuxième ligne ; c'est l'habitude par exemple des actes royaux mérovingiens (suscription et adresse), de divers types de lettres royales et pontificales des XIVe-XVe siècles (« de par le roi », « by the king », brefs pontificaux...), où la suscription est même centrée au milieu de la ligne. Plus fréquemment encore, de nombreuses catégories d'actes voient séparés du corps du texte des éléments finaux, la plupart du temps liés à la validation de l'acte : listes de témoins ou séries de souscripteurs, récognition de chancellerie, « grande date » des privilèges pontificaux, formule d'authentification de notaire public... Dans tous ces cas, l'éditeur respectera et reproduira, en autant d'alinéas, de telles dispositions.
- Les **souscriptions ou listes de témoins** apposées au bas d'un acte posent des problèmes souvent délicats.

4. Certains éditeurs (surtout hors de France) ont parfois tenté, pour plus de clarté à la lecture, de répartir les grandes parties de l'acte (protocole, texte au sens technique [cœur de l'acte, avec l'exposé et le dispositif], eschatocole) en autant de paragraphes ; mais cette pratique, outre qu'elle est inévitablement difficile à observer de façon systématique (certaines parties peuvent être liées grammaticalement au sein d'une même phrase), repose sur un arrière-plan contestable (l'idée, en particulier, que seul le texte au sens étroit est utile à l'historien, et que le reste sert à la critique).

Dans certains cas, faciles à reproduire, les souscriptions se suivent, à longues lignes, séparées ou non du corps de l'acte. Il suffira alors de reproduire cette disposition.

Dans d'autres, elles sont organisées en colonnes, ce qui suppose que l'édition rende compte d'un double sens de lecture (qui est en lui-même porteur d'informations importantes sur la hiérarchisation des listes de noms) : un sens horizontal (en lignes), un sens vertical (en colonnes), qui semble être dans la plupart des cas le sens principal de lecture (on lit d'abord la colonne de gauche, de haut en bas, puis la deuxième, etc.). Mais le rédacteur peut aussi faire une véritable composition, au sens pictural : les souscriptions cardinalices des privilèges pontificaux représentent ainsi le pape, avec en dessous de lui [de son nom], à la place d'honneur, les [souscriptions des] cardinaux-évêques ; à sa droite, en second [donc à gauche pour qui regarde le document], les [souscriptions des] cardinaux-prêtres ; à sa gauche, en dernier [donc à droite sur l'acte], les [souscriptions des] cardinaux-diacres. L'idéal est évidemment de reproduire à l'identique la disposition, mais l'espace (en largeur) est souvent insuffisant. On peut alors consacrer un alinéa (lecture horizontale dans l'édition) à chaque colonne (lecture verticale sur l'acte), en indiquant la position de chacune par une mention liminaire du type : (*Colonne 1*), (*Colonne 2*) etc., ou (*Colonne de gauche*) etc.

Si les souscriptions ont été apposées en plusieurs temps et que l'éditeur soit sûr de son fait, il pourra être préférable d'éditer les souscriptions par blocs chronologiques (qui suivent du reste souvent, mais pas toujours, l'ordre de lecture).

Il existe enfin des cas très complexes, où les souscriptions ne suivent plus une répartition (stricte ou approximative) par lignes et colonnes. Chaque cas devient un cas d'espèce et l'éditeur devra être surtout conscient que l'édition constituera toujours un appauvrissement ; que, plutôt que de viser une reproduction « à l'identique », elle doit fournir le moyen d'une lecture plus rapide, complétée de notes, d'une introduction..., laissant indispensable le recours à l'original ou à une reproduction photographique[5].

5. Sur les problèmes souvent délicats (jusqu'au XIe ou XIIe siècle) du « rendu » des souscriptions, rien ne vaut la consultation, pour comparaison, de quelques grandes éditions, afin d'y trouver des modèles ou des idées : par exemple les éditions de M. Prou et J. Dufour pour les actes des rois de France Philippe Ier et Louis VI ; les divers volumes des *Papsturkunden* pour la norme en matière d'actes pontificaux ; les éditions des *ChLA* pour les actes (privés et royaux) antérieurs à 800.

- Il arrive que le scribe ait porté en **interligne**, au-dessus des noms des témoins, une précision complémentaire (qualité, titre, surnom, etc.). Plutôt que de tenter de reproduire cette disposition à l'identique, ou de recourir à des parenthèses brisées (déjà utilisées pour les interpolations postérieures), on utilisera le système adopté par le *Corpus rythmicum* qui place l'addition entre deux barres obliques, ou le système anglais, qui place l'addition entre apostrophes (mais il convient de prévenir le lecteur des conventions suivies).

  Ex. : Testes : Willelmus \monachus/, Petrus \sutor/ [ou :] Willelmus 'monachus', Petrus 'sutor'.

  Cette pratique doit être distinguée des autres additions interlinéaires, dont le traitement dépend d'un examen diplomatique : si elles sont le fait du scripteur, et antérieures à la validation de l'acte, elles doivent être considérées comme autant d'éléments du texte « original », incorporées donc, à leur place, au texte (le fait étant signalé en note) ; si elles sont postérieures, ce sont, au sens large, des interpolations, à signaler a priori comme telles dans l'apparat.
- Les rédacteurs d'actes ont pris l'habitude, surtout à compter du XIIIe siècle, apparemment pour éviter toute addition frauduleuse, d'occuper la **fin de la dernière ligne** de leur acte, soit en étirant les derniers mots, soit en faisant suivre la fin de l'acte de traits plus ou moins enjolivés. Il suffira de signaler le procédé en note.
- Les **signatures**, au sens moderne, qui apparaissent dans les lettres et documents dérivés, à la fin du Moyen Âge, doivent être disposées en dessous du texte, imprimées en petites capitales et précédées d'une mention (en italique et entre parenthèses) précisant leur nature.

  Ex. : (*Signé* :) CORDIER.
  (*Signé* :) CORDIER (*et*) MOUFLE.
  (*Signé* :) CORDIER, MOUFLE (*et*) PETIT.
  (*Signé* :) CORDIER (*et plus bas* :) MOUFLE.
- L'**adresse dorsale** figurant au dos des lettres closes, des missives, etc., doit être publiée avant le texte (car souvent l'adresse au sens diplomatique la reprend sous une forme abrégée), sur une ligne distincte, et précédée de la mention (*Au dos :*).

  Ex. : (*Au dos :*) A nostre feal et bien amé Jehan de Verberie.
  De par le roy [alinéa à centrer comme sur l'original]
  Cher et bien amé, ……

- Les **mentions hors teneur** sont publiées à la suite du texte et précédées, selon les cas, de mentions du type (*Sur le repli* :) ou (*Sous le repli :*), qui doivent être suffisamment claires compte tenu du caractère plus ou moins systématique de leur emploi chez l'auteur d'acte concerné. Si l'on édite plusieurs groupes de mentions hors teneur, chacun sera séparé par un point-tiret.

  Ex. : « (*Sur le repli, à gauche:*) Per regem, presentibus dominis ducibus Burgundie et Borbonie et multis aliis. Blanchet. – (*À droite :*) Visa. Contentor ». Noter dans cet exemple pris à la chancellerie royale française que la connaissance des usages permet de donner une valeur précise à l'usage du point : ce dernier précède la signature du notaire-secrétaire responsable de l'acte (Blanchet), sépare ce qui est écrit par le chancelier (Visa) et par le notaire (Contentor).
- La plupart du temps, les scribes médiévaux n'individualisent pas (sauf par le moyen d'un modeste signe, deux-points, pied de mouche...) le texte d'un **acte vidimé ou inséré** dans le corps de l'acte qu'ils établissent. L'éditeur a tout intérêt à marquer une distinction nette, en mettant entre guillemets et en éditant sur un alinéa spécial l'acte vidimé ou inséré.
- Il est aussi des actes composés non selon une structure simple (avec un seul dispositif en leur cœur), mais d'une **accumulation d'éléments**, présentés de manière répétitive. On peut y ranger des cas de figure divers, notamment :

1. Les actes traditionnellement nommés « pancartes », ou encore « Ex dono », par lesquels un auteur unique, en une fois (il y a donc au début une suscription, à la fin une corroboration et une date), notifie et/ou confirme, l'un après l'autre, des actes écrits antérieurs ou, à tout le moins, des actions juridiques antérieures[6].

2. Les actes qui énumèrent des suites de prescriptions (« ordonnances » au sens large, chartes de commune ou de franchises), ou d'engagements (« traités » par exemple), ou encore des listes de biens (inventaires...).

6. Sur le genre diplomatique hétérogène des « pancartes », voir les réflexions sur les problèmes d'édition et les divers cas de figure offerts dans le volume *Pancartes monastiques des* XIe *et* XIIe *siècles*, études réunies par Michel Parisse, Pierre Pégeot et Benoît-Michel Tock, Turnhout, 1998 (*ARTEM*).

Pour faciliter la lecture, que soient indiquées ou non des subdivisions dans l'acte (par exemple par l'insertion de pieds de mouche, ou par la répétition d'un mot comme *Item...*), l'éditeur ne doit pas hésiter:

- si chaque élément est en lui-même assez long, et suffisamment autonome, à pratiquer autant d'alinéas ;
- dans tous les cas utiles, à numéroter chacun d'entre eux. On utilise une numérotation arabe entre crochets droits, [1], [2] etc. La formule facilite considérablement la lecture mais aussi les renvois, depuis un commentaire comme depuis les index.

Avant une telle intervention, l'éditeur doit naturellement dégager les critères d'un découpage cohérent du texte (objet ou groupe d'objets d'un inventaire, action séparée d'une « pancarte », prescription séparée d'une « ordonnance » ou d'une charte de franchises, etc.) et, bien sûr, suivre prioritairement le découpage d'origine s'il y en a un (pancarte ou traité où chaque acte notifié ou clause est précédé d'un pied de mouche, inventaire de biens ou d'actes ménageant des alinéas, etc.).

b. L'original n'est plus conservé.

Si les interventions relatives au fond (séparation d'un acte inséré ou vidimé, numérotation d'« item ») s'appliquent de plein droit dans l'édition d'actes seulement connus par des copies, la restitution de la présentation de l'original est un exercice périlleux. Le bon sens impose alors de n'intervenir que dans des cas sûrs, c'est-à-dire lorsque la pratique est régulière. Il sera ainsi légitime, pour ne prendre que quelques exemples, de continuer à placer sur un alinéa séparé la mention initiale « De par le roy » d'une lettre close du roi de France du XIVe siècle, la récognition de chancellerie d'un acte royal carolingien, la formule d'authentification d'un notaire public, les souscriptions cardinalices et la grande date d'un privilège pontifical, etc. Placée à l'opposé sur l'échelle des difficultés, la restitution des colonnes de souscriptions d'un acte du XIe siècle doit procéder d'un travail critique de comparaison des copies (on préférera généralement la reproduction de la copie jugée la plus fidèle, avec autant d'explications qu'il en faudra dans l'apparat critique).

58. La présentation des documents d'archives

Devant la diversité des situations, on ne peut poser que quelques principes plus généraux encore (pour quelques cas de figure, voir fascicule 2).

Comme le document sera, en principe, édité tout du long, il y aura généralement profit à indiquer dans le fil du texte le passage à une nouvelle page ou à une nouvelle colonne, en suivant les usages des éditeurs de textes littéraires.

On peut aussi préconiser d'utiliser tous les moyens possibles pour faciliter la lecture, l'éditeur ayant ici plus grande latitude pour créer des alinéas, les numéroter, voire les hiérarchiser (par des caractères gras ou des petites capitales pour des titres ou sous-titres ; par un retrait ou un corps réduit pour des passages spécifiques), comme pour insérer (mais toujours de façon visible, par exemple entre crochets carrés et en italique) des subdivisions inexistantes dans le document primitif. Toutes ces décisions ne peuvent bien sûr être appliquées qu'une fois le document étudié, et leurs principes doivent être clairement exposés en introduction.

CITATIONS DE LIVRES DE LA BIBLE

L'usage est de désigner chaque livre de la Bible par une abréviation, qu'il sera inutile d'expliciter, éventuellement précédée d'un chiffre romain (n° de livre ou d'épître), suivie, en chiffres arabes des n° de chapitre (ou de psaume) et de verset.

Ex. : I Sam. 15, 25 ; Ps. 22, 23 ; II Pet. 5, 8.

Il existe plusieurs systèmes d'abréviations (cf. en particulier ceux qui sont préconisés par les collections *Corpus christianorum* et *Sources chrétiennes*). Il est plus expédient d'utiliser les titres latins (« Johannes » plutôt que « Jean » ou « Giovanni », etc.). On peut donc proposer :

Ancien Testament

Gen.	Genesis
Ex.	Exodus
Lev.	Leviticus
Num.	Numeri
Deut.	Deuteronomium
Jos.	Josue
Judic.	Judices
Ruth	Ruth
I / II Sam.	Samuel I et II (alias Reges I et II)
III / IV Reg.	Reges III et IV
I / II Chron.	Chronice I et II (alias Paralipomenon)
Esd.	Esdras (alias Esdras I)
Neh.	Nehemias (alias Esdras II)
Tob.	Tobias
Judith	Judith
Est.	Esther

Job	Job
Ps.	Psalmi
Pro.	Proverbia
Eccl.	Ecclesiastes
Cant.	Canticum canticorum
Sap.	Sapientia
Sir.	Sirach (alias Ecclesiasticus)
Is.	Isaias
Jer.	Jeremias
Thre.	Threni Jeremie (alias Lamentationes)
Bar.	Baruch
Ez.	Ezechiel
Dan.	Daniel
Os.	Osee
Joel	Joel
Am.	Amos
Abd.	Abdias
Jon.	Jonas
Mich.	Michea
Nah.	Nahum
Hab.	Habacuc
Soph.	Sophonias
Agg.	Aggeus
Zac.	Zacharias
Mal.	Malachias
I / II Mac.	Machabei I et II

Nouveau Testament

Mat.	Mattheus
Marc.	Marcus
Luc.	Lucas
Jo.	Johannes
Act.	Acta apostolorum
Rom.	Epistola sancti Pauli ad Romanos
I / II Cor.	Epistole sancti Pauli ad Corinthios I et II
Gal.	Epistola sancti Pauli ad Galatas
Eph.	Epistola sancti Pauli ad Ephesios

Philip.	Epistola sancti Pauli ad Philippenses
Col.	Epistola sancti Pauli ad Colossenses
I / II Thes.	Epistole sancti Pauli ad Thessalonicenses
I / II Tim.	Epistole sancti Pauli ad Timotheum
Tit.	Epistola sancti Pauli ad Titum
Phil.	Epistola sancti Pauli ad Philemonem
Hebr.	Epistola sancti Pauli ad Hebreos
Jac.	Epistola sancti Jacobi
I / II Pe.	Epistole sancti Petri I et II
I / II / III Jo.	Epistole sancti Johannis I, II et III
Jude	Epistola sancti Jude
Apo.	Apocalypsis.

ANNEXES

ANNEXES
ÉTUDES DE CAS

Renvoyant aux fascicules suivants la présentation de séries plus étoffées d'exemples, nous avons jugé bon ici de regrouper quelques documents et spécimens d'éditions, de tout âge et de toute nature, montrant, d'une part, quelques traits de l'évolution des pratiques éditoriales, illustrant, d'autre part, l'application de quelques-uns des principes dégagés ci-dessus. Il était naturellement illusoire de présenter tous les types de textes, toutes les possibilités de leur traitement : notre principal objectif a été de faire saisir à la fois l'unicité des principes de base que nous avons tenté de poser, et la variété des solutions apportées, dans le temps et selon les buts de l'éditeur, au « rendu » du texte.

Les transcriptions proposées s'arrêtent aux matières traitées dans le présent fascicule : elles ne constituent donc en rien des éditions définitives, puisqu'il leur manque tout leur « habillage », sur lequel reviendront les fascicules suivants. De la même façon, et pour plus de commodité dans l'examen, certaines de nos transcriptions indiquent les lignes du document transcrit ou la restitution des abréviations, solution réservée dans la pratique à certains types d'édition à finalité pédagogique ou paléographique.

Dans le fil des commentaires, les numéros portés en gras donnent les références des alinéas qui précèdent.

Crédits photographiques

Nous remercions très vivement les collègues qui nous ont généreusement permis de reproduire des extraits de certaines de leurs éditions. Leur nom figure au fil du texte. Notre gratitude s'adresse aussi aux institutions, aux maisons d'édition et aux responsables de collections de manuscrits, qui ont aimablement donné leur l'accord à la reproduction de divers documents ou publications, dont la liste suit.

Académie des inscriptions et belles-lettres (Paris) : Annexe 1, doc. n° 2d.

Archives départementales de l'Eure (Évreux) : Annexe 1, doc. n° 6 (cliché Thierry Leroy, Conservation des antiquités et objets d'art de l'Eure).

Archives départementales de la Marne (Châlons) : Annexe 1, doc. n° 3.

Bibliothèque de la ville de Bruges : Annexe 2, doc. n° 3.

École nationale des chartes (coll. de fac-similés) : Annexe 2, doc. nos 1 et 2 ; Annexe III, doc. n° 1, 2 et 3.

Gunter Narr Verlag (Tübingen) : Annexe 3, doc n° 3c.

ANNEXE 1

ACTES ET DOCUMENTS D'ARCHIVES

1. Le « *record type* » anglais*

Acte du roi Jean sans Terre, 4 mai 1204, d'après son enregistrement contemporain en chancellerie : reproduction de l'édition Th. Duffus Hardy, *Rotuli cartarum in turri Londinensi asservati*, t. I/1, *1199-1216*, Londres, 1837.

Cet exemple de « *record type* » anglais, une variante extrême de l'édition « imitative » aujourd'hui abandonnée après avoir joui d'un fort prestige outre-Manche, parle de lui-même : une coûteuse typographie permet de reproduire à l'identique l'usage des signes abréviatifs, de la ponctuation. Le respect des graphies originelles, selon une antique tradition qui conférait plus d'autorité à la copie[1], va jusqu'à la reproduction des majuscules, et même des corrections par soulignement (l. 2) et par exponctuation (l. 7). Les quatre premiers mots en italique, suivis d'une accolade, sont la rubrique du registre.

Cette quasi photographie garde un avantage : celui d'éviter tout recours au document d'origine quand on s'essaye à une transcription « courante », à laquelle on s'est risqué.

* La transcription et le commentaire ont bénéficié, sur des points délicats, des conseils, aussi amicaux qu'éclairés, de Monsieur Peter Chaplais (Oxford).

1. On y reviendra plus en détail dans le fascicule II.

1. Le « *record type* » anglais

Carta Hug̃ de Nevitt. } Joh's Di gr̃a ⁊c̃.. Sciatis nos dedisse, concessisse, ⁊ p̃senti carta nr̃a confirmasse, Hug̃ de Nevitt ⁊ h̄edibʒ suis, man̄iũ de Blaaston̄ cũ om̄ibʒ ptiñ suis, ten̄dũ de nob̄ ⁊ h̄edibʒ nr̄is in feodo ⁊ h̄editate, faciendo in̄ nob̄ ⁊ h̄edibʒ nr̄is s̃viciũ qͣrte ptis feodi j. militis p om̄i s̃vic̄o ⁊ demanda: et dedimꝰ ⁊ concessimꝰ eid̄ Hug̃ ⁊ h̄edibʒ suis, ī p̃dc̄o man̄io, vigint̄ acr̄ t̃re de essarto, solutas ⁊ quietas de regardo ⁊ visu regardoꝝ ī ppetuũ. Et p̃t̄ea dedimꝰ, ⁊ cōcessimꝰ, ⁊ hͣc carta cōfirmavimꝰ, eid̄ Hug̃ ⁊ h̄edibʒ suis, man̄iũ nr̄m de Ernhalo cũ tota socna ⁊ omibʒ ptinentiis suis, ⁊ cũ advocat̄oe eccl̄ie, tenend̄ de nob̄ ⁊ h̄edibʒ nr̄is ad feodi firmā, reddendo in̄ annuatī decem libr̄ nũo, uñ respondebunt p manũ suā ad scacc̄ nr̄m Lond̄, scl̄ʒ ad scacc̄m Sc̄i Mich̄, ⁊ p̃t̄ea faciendo in̄ s̃viciũ qͣrte ptis feodi j. mil̄ p om̄i s̃vic̄o ⁊ demanda. Dedimꝰ & ⁊ concessimꝰ p̃dc̄o Hugon̄ ⁊ h̄edibʒ suis qͣt̃ vigint̄ ⁊ decē acr̄ de assarto in eod̄ man̄io de Ernhal̄ ⁊ ī socna, solutas ⁊ quietas de regardo ⁊ visu regard̄, in ppetuũ. Qr̄ ⁊c̃. qd̄ p̃dc̄s Hugo ⁊ h̄edes sui pꝰ eũ h̄eant ⁊ teneant p̃dc̄a man̄ia de Blaaston̄ ⁊ Ernhal̄, cũ socna ⁊ om̄ibʒ ptiñ suis, p p̃dc̄a servicia, bñ ⁊ ī pace, lib̄e ⁊ quiete, integre, ⁊ plenarie, ⁊ honorifice, in t̃ris, homag̃, releviis, s̃viciis, redditibʒ, exitibʒ, escaetis, custodiis, ⁊ maritag̃, in bosco ⁊ plano, in viis ⁊ semitis, ī pͣtis ⁊ pascuis, in aquis ⁊ molendinis, ī stagnis, vivariis, ⁊ piscar̄, ⁊ ī om̄ibʒ locis ⁊ rebʒ, cũ socc̄ ⁊ sacc̄, ⁊ toll ⁊ theam, ⁊ infangenth̄ ⁊ utfangentheft, ⁊ cũ quietantia de passag̃, pontag̃, stallag̃, lestag̃, thelon̄, ⁊ tallag̃, ⁊ auxiliis vic̄ ⁊ ball̄oꝝ suoꝝ, ⁊ cũ quiet̄ de murdr̄, ⁊ fͣncoplg̃, ⁊ sectis scir̄r ⁊ hundr̄, ⁊ wapetac, ⁊ cũ aliis om̄ibʒ quietantiis, ⁊ lib̄tatibʒ, ⁊ lib̄is ꝯsuetud̄ibʒ ad ea ptinentibʒ, sic̄ p̃dc̄m est. Pret̄ea ꝯcessimꝰ ⁊ confirmavimꝰ eid̄ Hug̃ ⁊ h̄edibʒ suis r̄onabile don̄ qd̄ Rad̄ fil̄ Petͥ eis fecit de t̃ra ⁊ bosco suo ap̄ Tayden̄, sic̄ carta ejꝰd̄ Rad̄ qͥ in̄ eis fecit r̄onabilr testat^{r}. T. G. fil̄ Petͥ ⁊c̃. R. com̄ Bigot, W. com̄ Sarr̄, Rob̄ fil̄ Rog̃, W. de Breosͣ, W. Briwerr̄, Rob̄ fil̄ Walt̃i. Dat̄ p manũ dñi S. Cicestr̄ elc̄i, ap̄ Winton̄, iiij^{to}. die Maii, anno regni nr̄i quinto.

Johannes, Dei gratia etc. Sciatis nos dedisse, concessisse et presenti carta[a] confirmasse Hugoni de Nevill' et heredibus suis manerium de Blaaston' cum omnibus pertinentiis suis, tenendum de nobis et heredibus nostris in feodo et hereditate, faciendo inde nobis et heredibus nostris servicium quarte partis feodi unius militis pro omni servicio et demanda. Et dedimus et concessimus eidem Hugoni et heredibus suis in predicto manerio viginti acras[b] de essarto, solutas et quietas de regardo et visu regardorum, in perpetuum. Et preterea dedimus et concessimus et hac carta confirmavimus eidem Hugoni et heredibus suis manerium nostrum de *Ernhale* cum tota socna et omnibus pertinentiis suis et cum advocatione ecclesie, tenendum de nobis et heredibus nostris ad feodi firmam, reddendo inde annuatim decem libras numero, unde respondebunt per manum suam ad Scaccarium nostrum London', scilicet ad Scaccarium Sancti Michaelis, et preterea faciendo inde servicium quarte partis feodi unius militis pro omni servicio et demanda. Dedimus etiam et concessimus predicto Hugoni et heredibus suis quater viginti et decem acras de assarto in eodem manerio de *Ernhale* et in socna, solutas et quietas de regardo et visu regardorum, in perpetuum. Quare etc. quod predictus Hugo et heredes sui post eum habeant et teneant predicta maneria de Blaaston' et *Ernhale* cum socna et omnibus pertinentiis suis, per predicta servicia, bene et in pace, libere et quiete, integre et plenarie et honorifice, in terris, homagiis, releviis, serviciis, redditibus, exitibus, escaetis, custodiis et maritagiis, in bosco et plano, in viis et semitis, in pratis et pascuis, in aquis et molendinis, in stagnis, vivariis et piscariis et in omnibus locis et rebus, cum socca et sacca et *toll* et *theam* et *infangentheft* et *utfangentheft* et cum quietantia de passagio, pontagio, stallagio, lestagio, theloneo et tallagio et auxiliis vicecomitum et ballivorum suorum et cum quietantia de murdro et francoplegio et sectis scirrarum et hundredorum et *wapetac* et cum aliis omnibus quietantiis et libertatibus et liberis consuetudinibus ad ea pertinentibus, sicut predictum est. Preterea concessimus et confirmavimus eidem Hugoni et heredibus suis rationabile donum quod Radulfus filius Petri eis fecit de terra et bosco suo apud Tayden., sicut carta ejusdem Radulfi, quam in eis fecit, rationabiliter testatur. Testibus G' filio Petri etc., R[ogero] comite *Bigot*, W[illelmo] comite Sarr', Rob[erto] filio Rog[eri], W[illelmo] de Breosa, W[illelmo] Briwerr', Rob[erto] filio Walteri. Data per manum domini S[imonis] Cicestrensis electi, apud Winton', IIII[to] die maii, anno regni nostri quinto.

(a) *suivi de* nostra *supprimé par soulignement.* — (b) *suivi de* terre, *exponctué.*

La plupart des abréviations sont de restitution aisée et sûre. C'est par précaution, ici presque exagérée, que notre essai de transcription met entre crochets le développement des noms, limités à leurs initiales, de personnages connus par ailleurs ; noter toutefois que le registre fait ailleurs alterner les formes « Willielmus » et « Willelmus » : les crochets droits mettent donc en garde le philologue, averti qu'il ne pourra se fonder sur ces formes, introduites par l'éditeur. Mais, à la différence des actes continentaux, les actes anglais sont aussi friands d'abréviations sévères en matière de surnoms et de noms de lieu ; et, lorsqu'ils les développent, on constate d'incessants aller-retours entre les formes latines et vernaculaires (Nevilla/ Nevyle, Westmonasterium/Westmoster,...). On a donc suivi ici la sage pratique des éditeurs anglais, qui laissent l'abréviation telle quelle, en la remplaçant par une apostrophe (§ **18a**), solution que l'on pouvait aussi adopter pour les noms personnels.

On a mis une majuscule à « Scaccarium » pour insister sur la différence avec l'objet usuel, l'échiquier à jouer ; solution qui peut être discutée en ce qu'elle ne permet plus de faire la différence entre l'institution, déjà bien individualisée à l'époque (cf. le célèbre *Dialogue de l'Échiquier* du règne de Henri II), et l'une de ses réunions (Échiquier de la Saint-Michel).

Noter pour le reste l'emploi d'une ponctuation moderne, et surtout de l'italique pour les termes en langue vulgaire non latinisés (nom de lieu, droits d'origine anglo-saxonne...), à la différence de nombreux termes à l'habillage tant soit peu latin, comme « socna » = angl. *soke*, « scirra » = angl. *shire* (§ **47**).

2. Quatre éditions d'un diplôme royal

Acte du roi Eudes, 30 décembre 889 (original Arch. dép. Vienne, G 485, et fac-similé dans Ferdinand Lot et Philippe Lauer, *Diplomata Karolinorum*, fasc. VII, pl. XIV).

L'acte ne présente pas seulement l'intérêt d'être conservé sous la forme d'un original (ou d'un pseudo-original, ou d'une expédition hors chancellerie ensuite interpolée, car il pose de sérieux problèmes critiques), mais encore d'avoir fait l'objet de cinq éditions successives, étalées dans le temps, et dont quatre sont ici reproduites, qui permettent de suivre directement l'évolution des pratiques éditoriales françaises depuis le XVIIe siècle ; de plus, la dernière offre un exemple tiré des *Chartes et diplômes*, collection dont on a déjà dit qu'elle avait largement contribué à définir les normes françaises actuelles, et ce depuis un siècle (réflexions préalables d'Arthur Giry dans les années 1880-1890, et premier volume publié par Maurice Prou, *Recueil des actes de Philippe Ier*, en 1908).

Un commentaire parallèle pourrait être fait de l'évolution progressive de la présentation de l'édition : datation, tableau de la tradition, dissertation critique (qui occupent plus de trois pages in-4° à la typographie serrée dans la dernière édition). Mais ces questions sont renvoyées au fascicule II, et l'on se limitera ici au traitement du texte par quatre éditeurs, tous érudits confirmés qui travaillent sur l'original :

(a) Jean Besly en 1647 dans son *Histoire des comtes de Poictou* (preuves, p. 200), fin connaisseur déjà des règles d'une diplomatique qui n'a pas été encore baptisée et systématisée par Mabillon ;

(b) les collaborateurs du *Recueil des historiens des Gaules et de la France*, t. IX (p. 450), en 1757 ;

(c) l'archiviste de la Vienne, Louis Rédet, en 1847 (*Mémoires de la Société des antiquaires de l'Ouest*, t. 14, p. 12-14) ;

(d) Robert-Henri Bautier en 1967, dans son *Recueil des actes d'Eudes, roi de France (888-898)*, n° 16, p. 72-77, qui donnera toutes les autres références utiles.

Deux séries d'observations peuvent être faites, selon que l'on considère le sort réservé par les éditeurs aux caractères externes de l'original, puis au texte lui-même.

2a. Édition d'un diplôme royal (1647)

Ex tabulario Sancti Hilarij Pictauens.

30. Decembre 889.

IN nomine Domini Dei æterni & Saluatoris nostri Iesu Christi Odo misericordia Dei Rex. Si loca sancta & diuinis cultibus mancipata propter amorem Dei & reuerentiam Sanctotum ibi requiescentium ordinamus & disponimus fidelium nostrorum animos, tam præsentium quàm futurorum, in Dei & nostræ fidelitate feruentiores fore credimus, Dominúmque nobis ob id propitium præsenti sæculo & futuro minimè diffidimus. Quocirca nouerint omnium Dei & nostrorum tam præsentium quam futurorum, solers industria & nobilis in omnibus prudentia, quia adiit clementiam serenitatis nostræ venerabilis Abbas Ebolus, iunctis secum proceribus nostris Vbaldo & Heberto, ac deprecati sunt, vt villas de potestate præcellentissimi confessoris Christi Hilarij à præfato Abbate fratribus delegatas in diuersis vsibus eorum necessariis, id est Campaniacum, Roliacum, Potentum, Lusiacum, Fronteniacum, Cuionium, Vosaliam, Masogilum, Benaciacum, Gurgiacum, Cumbencium, Viuianum, Fabrisum, In Comitatu Cadurcino: Sauniacum cum ecclesia in honore S. Hilarij & Cayundi in pago Tolosano: In pago Carcassio locum S. Mametis; & in eodem pago Campum Oliueti, cum omni integritate, vel omnibus ibidem pertinentibus, nec non aspicientibus cultis, & incultis, quæsitis & inquerendis, & omnibus superpositis seu consentanæis commanentibus, concederemus, atque confirmaremus. Quorum petitionibus annuentes quod pastulabant libenti animo concessimus has præfatas villas vsibus fratrum necessitatibus perpetualiter subministraturas confirmauimus. Concedimus etiam flagitante Ebulo venerabili eiusdem loci Abbate alodos nostros propriæ originis, id est, Crespiacum, Esternum, Renconiacum, Clauinum, Belloriam, cum omnibus superpositis vel legitimè pertinentibus, cum villa Longa Rete in Burgundia fratribus prælibati Pontificis Hilarij rogante Ebulo confirmamus. Mansiones verò infra monasteria aut infra muros ciuitatis constructas ipsis fratribus concedimus, vt habeant pontificium, vnusquisque de sua quod voluerit, excepta alienatione externæ personæ, faciendi. Nullusque Comes, vel aliquis reipublicæ exactor, inuasor istarum rerum, & terræ infra muros positæ mutuatæ à fratribus ex vna quarta in villa Potente, audeat fieri per consensum Abbatis & f[illegible] Quod qui præsumpserit sub anathemate perpetuo sciat se damnandum. Vt vera hoc testamentum firmius credatur ac veriùs, manu nostra subter firmauimus, & anulo nostro insigniri decreuimus.

S. ODONIS—$O^{D}_{N}E$—gloriosissimi R.

Troannus Notarius ad vicem Eboli recognouit. III. KAL. Ianuarij anno incarnationis Domini 889. Indictione VIII. anno II. gloriosissimi Regis in Domino fœliciter. Amen.

2b. Édition d'un diplôme royal (1757)

Ex Archivis hujus Monaſterii.

Quaſdam (*b*) Villas confirmat Monaſterio S. Hilarii Pictavenſis.

Ex Autographo.

An. 889.

IN nomine Domini Dei eterni & Salvatoris noſtri Jeſu-Chriſti, Odo miſericordia Dei Rex. Si loca ſancta divinis cultibus mancipata ritè propter amorem Dei & reverentiam Sanctorum ibi requieſcentium ordinamus & diſponimus, fidelium noſtrorum animos in Dei & noſtra fidelitate ferventiores fore credimus, Deumque nobis ob id propitium preſenti ſeculo & futuro minimè diffidimus. Quocirca noverit omnium Dei fidelium noſtrorumque, tam preſentium quàm & futurorum, ſolers induſtria & nobilis in omnibus prudentia, quia adiit clementiam ſerenitatis noſtre venerabilis Abbas Ebolus, junctis ſecum Proceribus noſtris Ubaldo & Heriberto, & deprecati ſunt ut villas de poteſtate precellentiſſimi Confeſſoris Chriſti Hilarii à prefato Abbate fratribus delegatas in diverſis uſibus eorum neceſſariis, id eſt (*c*) Campaniacum, Roliacum, Potentum, Luſiacum, Fronteniacum, Cuionnum, Voſaliam, Maſogilum, Renaciacum, Gurgiacum, Cambencium, Viviarium, Fabriſum; in Comitatu Cadurcino Gauliacum cum Eccleſia in honore S. Hilarii, & Caynandum in pago Toloſano; in pago Carcaſſio locum S. Mammetis; & in eodem pago Campum Oliveti, cum omni integritate, vel omnibus ibidem pertinentibus, necnon aſpicientibus, cultis & incultis, queſitis & inquirendis, & omnibus ſuperpoſitis ſeu conſentaneis commanentibus, concederemus atque confirmaremus. Quorum petitionibus annuentes, quod poſtulabant libenti animo conceſſimus, has prefatas villas uſibus fratrum [&] neceſſitatibus perpetualiter ſubminiſtraturas confirmavimus: concedimus etiam flagitante Ebolo venerabili ejuſdem loci Abbate: alodos verò proprie originis, id eſt, Criſpiacum, Eſternum, Remcionacum, Clavinnum, Belloriam, cum omnibus ſuperpoſitis vel legitimè pertinentibus, cum villa (*d*) Longum-rete in Burgundia fratribus prælibati Pontificis Hilarii rogante Ebolo confirmamus. Manſiones verò infra Monaſterium aut infra muros civitatis conſtructas ipſis fratribus concedimus, ut habeant licentiam unuſquiſque de ſua quod voluerit, excepto

(*b*) Idem Præceptum edidit ex Tabulario ejuſdem Monaſterii Beſlius in Probat. Hiſt. Comitum Pict. pag. 200.

(*c*) *Champagné, Rouillé ... Luſſac, Fontenay, Cuon, Vouzaille, Maſſeuil, Renacé, Courgé.*

(*d*) *Longré en Auxerrois.*

alienatione alterius & externe faciendi perſone. Nullus Comes, vel aliquis reipublice exactor invaſor iſtarum rerum & terre infra muros poſite mutuate à fratribus ex una quarta in villa Potente fieri audeat * per conſenſu Abbatis & fratrum. Quod qui preſumpſerit, ſub anathemate perpetuo ſciat ſe damnandum. Ut verò hoc teſtamentum firmiùs credatur ac veriùs, manu noſtra ſubter firmavimus, & annulo noſtro inſigniri decrevimus.

* ſine

S. Odonis glorioſiſſimi Regis.

Troannus Notarius ad vicem Eboli recognovit.

Actum Karnotis III Kal. Januar. anno (*a*) Incarnationis Domini DCCCXC, Indictione VIII, anno ſecundo Odonis glorioſiſſimi Regis, in Domino feliciter. Amen.

(*a*) Initium anni & Indictionis à Nativitate Domini repetendum.

2c. Édition d'un diplôme royal (1847)

IX

Diplôme du roi Eudes portant confirmation des terres assignées en partage par Ebles, abbé de St-Hilaire, aux chanoines de cette église [1]. (ORIG. Arch. St-Hil. Égl., n° 22.)

30 décembre 889 (890 v. s.).

In nomine Domni Dei æterni et Salvatoris nostri Jesu Christi. Odo misericordia Dei rex. Si loca sancta divinis cultibus mancipata rite propter amorem Dei et reverenciam sanctorum inibi

[1] Imprimé à la suite des *Annales d'Aquitaine* de Jean Bouchet, éd. de 1644; dans l'*Histoire des comtes de Poitou* de Besly, p. 200, d'après le cartulaire de St-Hilaire, et dans le *Recueil des historiens de France*, t. IX, p. 450, d'après l'original.

requiescencium ordinamus et disponimus, fidelium nostrorum animos in Dei et nostra fidelitate ferventiores fore credimus, Deumque nobis ob id propicium presenti seculo et futuro minime diffimus [1]. Quocirca noverit omnium Dei fidelium nostrorumque tam presentium quam et futurorum solers industria ac nobilis in omnibus prudentia, quia adiit clemenciam serenitatis nostre venerabilis abbas Ebolus, junctis secum proceribus nostris Ubaldo et Heriberto, et deprecati sunt ut villas de potestate precellentissimi confessoris Christi Hilarii a prefato abbate fratribus delegatas in diversis usibus eorum necessariis, id est Campaniacum, Roliacum, Potentum, Lusiacum, Fronteniacum, Cuionnum, Vosaliam, Masogilum, Benaciacum, Gurgiacum, Cambentium, Viviarium, Fabrisum; in comitatu Cadurcino Gavriacum cum ecclesia in honore sancti Hilarii; et Cainandum in pago Tolosano; in pago Carcassio locum sancti Mammetis, et in eodem pago Campum Oliveti, cum omni integritate vel omnibus ibidem pertinentibus necnon aspicientibus, cultis et incultis, quesitis et inquirendis, et omnibus suprapositis seu consentaneis commanentibus, concederemus atque confirmaremus. Quorum petitionibus annuentes, quod postulabant libenti animo concessimus hac prefatas villas usibus fratrum et necessitatibus perpetualiter subministraturas confirmavimus, concedimus etiam, flagitante Ebolo, venerabili ejusdem loci abbate. Alodos vero proprie originis, id est Crispiacum, Esternum, Remcionacum, Clavinnum, Belloriam, cum omnibus suprapositis vel legitime pertinentibus, cum villa Longum Rete in Burgundia, fratribus prælibanti pontificis Hilarii rogante Ebolo confirmamus. Mansiones vero infra monasterium aut infra muros civitatis constructas ipsis fratribus concedimus, ut habeant licenciam unusquisque de sua quod voluerit, excepto alienacione alterius et extraneae faciendi persone. Nullusque comes vel aliquis rei publice exactor, invasor istarum rerum et terre infra muros posite, mutuate a fratribus ex una quarta in villa Potente, fieri audeat [2] per consensu abbatis et fratrum; quod qui presumpserit, sub anatemate perpetuo sciat se damnandum. Ut vero hoc testamentum firmius credatur ac verius, manu nostra subtus firmavimus et anulo nostro insigniri decrevimus.

Signum Odonis [3] gloriosissimi regis.

Troannus notarius ad vicem Eboli recognovit.

[1] Lisez *diffidimus*.
[2] Suppl. *nisi*.
[3] Le monogramme est semblable à celui qu'on voit dans le second spécimen de la planche XXXIV de la Diplomatique de Mabillon. Le sceau a disparu; la place qu'il occupait est indiquée à la suite de la souscription du chancelier par une incision en forme de croix, et par une ligne ovale de couleur jaune d'environ quatre centimètres de hauteur.

Actum Karnotis III kal. januar., anno Incarnacionis Domni DCCCXC [1], indictione VIII, anno secundo Odonis gloriosissimi regis, in Domno feliciter. Amen.

[1] Il était d'usage, au IXe siècle, de commencer l'année à Noël. La date de ce diplôme correspond donc au 30 décembre 889, suivant notre manière actuelle de compter. D'ailleurs le mois de décembre 890 appartient, non plus à la deuxième, mais à la troisième année du règne d'Eudes. Le chiffre de l'indiction est VIII au lieu de VII, parce qu'elle est prise aussi du 25 décembre.

2d. Édition d'un diplôme royal (1967)

(*Chrismon*) **In nomine Domini Dei aeterni et Salvatoris nostri Jhesu Xpisti. Odo misericordia Dei rex. Si loca sancta divinis cultibus mancipata rite, propter amorem Dei et reverenciam sanctorum inibi requiescencium, ordinamus et disponimus, fidelium nostrorum animos in Dei et nostre** [a] **fidelitate ferventiores** // [2] fore credimus Deumque

[a] nostre, *A. Corrigez* nostra.

nobis ob id propitium presenti seculo et futuro minime diffimus [a]. Quocirca noverit omnium [b] Dei nostrorumque, tam presentium quam et futurorum, sollers industria ac nobilis in omnibus prudentia quia adiit clemenciam serenitatis nostre venerabilis abbas Ebolus, junctis secum proceribus nostris Hubaldo et Heriberto, et deprecati sunt ut villas // [3] de potestate precellentissimi confessoris Xpisti Hilarii, a prefato abbate fratribus delegatas in diversis usibus eorum necessariis, id est : Campaniacum, Roliacum, Potentum, Lusiacum, Fronteniacum, Cuionnum, Vosaliam, Masogilum, Benaciacum, Gurgiacum, Cambentium, Viviarium, Fabrisum; in comitatu Cadurcino, Gauriacum cum ecclesia in honore Sancti // [4] Hilarii, et Cainandum in pago Tolosano; in pago Carcassio, locum Sancti Mammetis et, in eodem pago, Campum Oliveti, cum omni integritate vel omnibus ibidem pertinentibus necnon aspicientibus, cultis et incultis, quesitis et inquirendis, et omnibus suprapositis seu consentaneis commanentibus, concede-// [5] -remus adque confirmaremus. Quorum petitionibus annuentes, quod postulabant libenti animo concessimus hac prefatas villas usibus fratrum et necessitatibus perpetualiter subministraturas confirmavimus. Concedimus etiam, flagitante Ebolo, venerabili ejusdem loci abbate, alodos vero proprie originis, id est : // [6] <Crispiacum [c], Es[ter] num [d], Remcionacum, Clavinnum, Belloriam, cum omnibus suprapositis vel legitime pertinentibus, cum villa Longumrete in Burgundia, fratribus prelibanti pontificis Hilarii, rogante Ebolo, confirmamus>. // [7] Mansiones vero infra monasteri[um a]ut [e] infra muros civitatis constructas ipsis fratribus concedimus ut habeant licenciam unusquisque de sua quod voluerit, excepto alienacione alterius et extraneae faciendi persone. Nullusque comes vel aliquis reipublice [exac]tor [f] invasor istarum rerum et terre // [8] infra muros posite, mutuate a fratribus ex una quarta in villa Potente fieri audeat, per consensu abbatis et fratrum. Quod qui presumpserit, sub anatemate perpetuo sciat se damnandum. Ut vero hoc testamentum firmius credatur ac verius, manu nostra subtus firmavimus et anulo nostro insigniri decrevimus.

// [9] **Signum Odonis** (*Monogramma*) [f] **gloriosissimi regis.**

[a] Diffimus *A. Corrigez* diffidimus. — [b] fidelium *deest A.* — [c] *Les noms des localités placés entre crochets ont été écrits ultérieurement sur un grattage.* — [d] [e] [f] *Lacunes de A, comblées à l'aide de B.* — [g] *Le* V *de la* manus propria *du roi à l'intérieur du losange central du monogramme est dessiné de la même main que le reste du monogramme.*

// [10] **Troannus notarius ad vicem Eboli recognovit et s.** (*Signum recognitionis et locus sigilli*).

// [11] **Actum Karnotis III kalendas janr., anno Incarnacionis Domini DCCCXC, indictione VIII, anno secundo Odonis gloriosissimi regis. In Domino, feliciter. Amen** [a].

[a] *Les chiffres de l'année de l'Incarnation sont plus petits, placés au milieu de la ligne; celui de l'indiction est formé par un grand V à l'intérieur duquel ont pris place les trois bâtons de* VIII. *D'après les copies qui en sont dérivées, le cartulaire portait :* Actum Charnotis tertio calendas januarias, anno Incarnacionis Domini DCCCLXXXIX°, indictione V, anno secundo gloriosissimi regis.

1. Outre les précisions données sur l'état et le lieu de conservation (vagues avant 1847), sur les dimensions du parchemin (indiquées seulement en 1967, dans le tableau de la tradition), les éditeurs apportent un traitement progressivement plus raffiné aux informations relatives aux particularités de **présentation du texte**.

Les particularités proprement paléographiques ne sont prises en compte qu'en 1967, dans l'optique de la critique du document (renvoi étant fait, par ailleurs, aux fac-similés disponibles) : elles sont réparties entre l'introduction générale du recueil, la dissertation critique précédant l'édition, l'apparat qui figure en note de bas de page. C'est aussi cette édition qui, la première, distingue par du gras les lettres allongées en début et fin d'acte (§ **22a**).

Par contre, la présentation générale est assez tôt ressentie comme porteuse de sens, encore que très inégalement rendue :

- Dès 1647, apparaît le souci d'une reproduction à l'identique du découpage du texte (§ **57a**) en différents alinéas (si ce n'est qu'elle est inexacte pour la date, ici collée à la formule de recognition).
- Les éléments figurés (§ **22b**) sont par contre très inégalement traités :

	1647	1757	1847	1967 (a)
Chrismon	≠	≠	≠	Signalé (b)
Monogramme	Dessin infidèle	≠	Signalé (c)	Signalé et décrit (b)
Ruche	≠	≠	≠	Signalé
Apposition du sceau	≠	≠	Signalée et décrite	Signalée et décrite

(a) Outre l'étude récapitulative faite, pour l'ensemble du corpus, dans l'introduction générale. — (b) Avec reproduction photographique en fin du recueil. — (c) Avec renvoi à un dessin chez Mabillon.

2. Si l'on passe au **texte** lui-même, le traitement réservé aux chiffres (§ **15**) qui expriment la date est emblématique de l'évolution : en 1647, l'indifférence à la forme est patente (l'année de l'Incarnation est portée en chiffres arabes, et l'année de règne exprimée en toutes lettres sur l'original, « secundo », est ici retranscrite en chiffres romains) ; ce sont plus les vieilles habitudes que le respect de l'original qui poussent Besly à assortir d'un point tous les nombres. Dès 1757, par contre, la reproduction des graphies, sans point, est scrupuleuse, au moment même où les éditeurs signalent la difficulté (déjà bien résolue, du reste, par Besly) de la conversion des éléments chronologiques. L'édition de 1967 ne fait plus que raffiner, en signalant des particularités graphiques (qui peuvent être des indices critiques) de la disposition des chiffres (voir note [a] de la p. 77).

Difficultés réelles de lecture et primat donné au sens (corrections introduites directement) se combinent pour expliquer, chez les deux premiers éditeurs, le nombre de « fautes » significatives dans leur transcription (hors menues variantes graphiques) que l'on peut calculer par rapport à l'édition de 1967 (renvoi est ici fait aux lignes de l'original) :

- En 1647, on dénombre ainsi trois corrections, certes justifiées, mais introduites sans crier gare (« diffimus » corrigé en « diffidimus », l. 2 ; « fidelium » ajouté alors qu'il était omis, l. 2 ; « prelibanti » corrigé en « prelibati », l. 6) ; deux inversions, cinq omissions et quatre additions intempestives de mots ; la répétition erronée d'un passage de quatre mots repris d'une autre formule (« tam praesentium quam futurorum », l. 1) ; la modification ou la mauvaise lecture de douze mots.
- En 1757, on retrouve les trois mêmes corrections que chez Besly et pas davantage signalées (ce qui prouve sans doute que l'édition de 1647 a peut-être servi de base, avant collation sur l'original) ; une omission de mot ; la modification ou la mauvaise lecture de six mots. Mais le plus révélateur est le scrupule (très intermittent d'ailleurs) qui pousse maintenant à mettre en parenthèses droites un mot, et à proposer en marge une addition.

Du point de vue de la correction de la transcription, un niveau supérieur est atteint en 1847, y compris dans le respect rigoureux des graphies de l'original. Seul diffère, en 1967, le caractère systématique donné en bas de page aux remarques de l'apparat critique, qui étaient encore sélectives en 1847.

En 1967, alors que le souci d'un « rendu » optimum des caractères externes est évident, on note encore l'indication, conforme aux règles de la collection, des coupures de ligne ; l'emploi des parenthèses droites [ ] pour les restitutions faites d'après une autre source que l'original ; le recours à des crochets brisés < > pour signaler une interpolation.

Il est pourtant deux domaines où tous les éditeurs français se sont retrouvés : la volonté systématique de développer les abréviations, la modernisation de l'emploi des majuscules et de la ponctuation, même si Besly obéit encore à quelques règles qui ne sont plus les nôtres (il met par exemple des majuscules aux mots qui suivent les deux points et au titre « Comes »). Le souci d'une ponctuation « grammaticale » et « diplomatique », aidant à la construction des phrases latines et à la décomposition des parties du discours, est particulièrement net dès 1757. Comme on l'a déjà dit (§ **41-46**), cet usage n'est ni innocent ni aisé à appliquer, et le présent acte en fournit d'ailleurs une illustration significative, à partir d'un passage de construction difficile, où la possible intervention du faussaire a sans doute, quelle que soit la solution retenue, embrouillé l'expression en s'écartant du strict moule des formulaires de chancellerie (l. 5-6) :

Ponctuation de 1847	Ponctuation de 1967
« quod postulabant (...) concessimus hac (...) confirmavimus, concedimus etiam, flagitante Ebolo, venerabili ejusdem loci abbate. Alodos vero proprie originis (...) rogante Ebolo confirmamus. »	« quod postulabant (...) concessimus hac (...) confirmavimus. Concedimus etiam, flagitante Ebolo, venerabili ejusdem loci abbate, alodos vero proprie originis (...) rogante Ebolo confirmamus. »

Devant la surabondance des verbes, le choix est délicat, encore qu'il influe assez peu sur le fond : l'acte est à double ressort, qui confirme d'abord des biens récemment délégués à la mense conventuelle, puis des biens d'antique possession. La symétrie grammaticale (couple *concedere/ confirmare*, décliné au passé, puis au présent) fait incliner pour la ponctuation adoptée en 1967 : elle serait alors témoin d'un certain raffinement de composition (et peut-être aussi d'une relative maladresse de l'interpolation). La solution de 1847 mettait au contraire à la rédaction un rythme haletant, moins probable, mais dégageant avec force le sens du curieux « *proprie originis* ».

On voit en tout cas à ces arguments en demi-teinte que l'éditeur doit prendre parti, un parti difficile, et qu'il sera guidé par beaucoup d'indices, voire d'idées personnelles, externes au passage lui-même : pas de solution toute faite, mais l'exigence d'être conscient des questions, des critères de décision, des implications de la réponse. Besly, en lisant (à tort) « nostros » (pour « vero ») arrivait à une phrase autrement cohérente, mais à un sens tout différent (confirmation de biens suivie du don de biens royaux) ; et les éditeurs de 1757 s'en tiraient par un hypocrite deux-points... Au lecteur de juger, au diplomatiste et à l'historien de décider, en remarquant au passage que la présentation de l'original ne permet de trancher dans aucun sens, puisque le scribe a ménagé un blanc significatif entre *confirmamus* et *concedimus etiam*, mais qu'ailleurs dans l'acte des blancs (surtout utiles pour arriver à une justification des lignes à droite) coupent eu deux des expressions dont les éléments sont très nettement soudés par le sens...

3. Acte en latin

Acte du 22 avril 1264 : original sur parchemin, Arch. dép. Marne, XII H 13/3 (cliché Arch. dép. Marne).

Cet acte, qui offre une belle liste des droits paroissiaux au XIIIe siècle, ne présente pas de difficulté paléographique ou diplomatique notable, ni de problème particulier de compréhension[2]. Du fait qu'il s'agit d'un vidimus, l'éditeur peut, selon son optique, prendre comme base l'acte de 1264 (original), ou celui de 1233 (copie) : on reviendra sur la question dans le fascicule II. Négligeant pour l'heure cet aspect (qui a pourtant un impact immédiat sur le strict respect des graphies du texte, ou au contraire leur correction au fil de l'édition), on propose ici une transcription de l'original de 1264, puis des remarques ponctuelles sur celle-ci.

. . Officialis Remensis, universis presentes litteras inspecturis, salutem in Domino. Noverit universitas |2| vestra, nos anno Domini M° CC° LX° quarto, feria tercia post Pascha, viri venerabilis Yvonis, quondam Remensis |3| ecclesie archidiaconi, vidisse litteras non abolitas, non rasas nec in aliqua parte sui viciatas, quarum tenor talis |4| est :

« Magister Yvo, Remensis ecclesie archidiaconus, omnibus presentes litteras inspecturis, in Domino salutem. Noverint universi |5| quod, cum dominus Hugo, presbiter de *Chevrilles*, in curia nostra traxisset in causam communitatem de *Chevrillies*[(a)], petens |6| ab eis tam super reconciliatione mulierum, celebratione nubentium et obsequiis mortuorum certam pecuniam sibi |7| reddi ratione consuetudinis ibidem diutius approbate necnon et decimam partem

2. On pourrait formuler comme suit son regeste (que les éditeurs français appellent une « analyse ») : Vidimus par l'official de Reims de l'arbitrage prononcé en juin 1233 par Yves, archidiacre de Reims, entre Hugues, prêtre de Saint-Basle de Cherville [Marne, cant. Écury-sur-Coole], et la communauté des habitants du lieu, que le prêtre avait assignés devant l'archidiacre au sujet du versement des dîmes et du casuel. Pour les réconciliations, le prêtre percevra son droit (*procuratio*) le jour même ou, à défaut, neuf deniers forts ; pour les noces d'une femme du village, douze deniers si elle quitte le village et six deniers si elle y demeure ; si l'époux est du village, trois sous dans tous les cas ; pour les obsèques, trois sous seulement pour le trentain (*tricenalis*) ; les offrandes (*oblationes*) annuelles à la Noël, à Pâques, à la Pentecôte et à la Dédicace de l'église du lieu. Les paroissiens sont aussi tenus au versement de toutes les dîmes, grosses et menues, dont la liste est donnée, la sentence étant différée pour la seule dîme des foins.

segetum, ortorum, lanarum, |8| apum, anserum, pullorum et alia(b) et majorum et minutorum tam segetum quam vinorum, tandem post multas alterca-|9|-tiones dicte partes, bonorum ducti(c) consilio, in nos super premissis compromiserunt sub pena decem librarum parisiensium parti pa-|10|-renti arbitrio a parte resiliente reddendarum, rata nichilominus compromissione et firma semper permanente, |11| et super hiis fidem prestiterunt corporalem. Nos autem, facta super hiis inquisitione diligenti, de bonorum |12| virorum consilio inter dictas partes ordinavimus in hunc modum quod pro reconciliatione mulierum habebit idem |13| presbiter procurationem suam ea die, vel novem denarii fortes eidem reddentur pro dicta procuratione. Cele-|14|-bratis autem nuptiis, si fuerit mulier nubens que villam exeat denarios duodecim, pro remanente |15| in villa sex denarios recipiet ; et habebit pro sponso tres solidos ; sive villam exeat sive in villa rema-|16|-neat, eidem reddentur si fuerit solvendo. Pro obsequiis autem mortuorum nichil amplius petet quam tres |17| solidos pro tricenali. Oblationes autem annuales, videlicet Nativitatis Domini, Pasche et Pentecostis et Dedi-|18|-cationis ecclesie illius, dicti homines de *Chevrilles* et eorum uxores eidem presbitero reddere tenebuntur. |19| Ad solutionem autem decimarum segetum, vinorum, fructuum ortorum, lanarum, apum, anserum, pullorum |20| et aliarum decimarum tam majorum quam minutarum dictos homines condampnavimus ad reddendum decimam |21| partem presbitero memorato et ecclesie Sancti Basoli, excepta decima feni de qua nichil adhuc diffinimus. |22| Actum anno Domini M° CC° XXX° tercio, mense junio. »

|23| (*Sous le repli à droite :*) BARDO.

(a) *Sic A.* — (b) *Sic A pour* aliorum. — (c) *Sic A pour* ducte.

« . . Officialis Remensis » (l. 1) : transcription des deux points « *ex officio* » (§ **22d**) ; majuscule à « Officialis » uniquement parce que l'on est en début d'acte, les noms de fonctions et de professions effectives n'appelant pas normalement la majuscule, à la différence de ceux qui sont pris comme surnoms (§ **39**) ; majuscule à « Remensis », adjectif toponymique appliqué à une personne (§ **37a**).

« M° CC° LX° quarto, feria tercia » (l. 2) et *passim* : stricte reproduction des graphies des nombres, mais sans les points qui peuvent accompagner les chiffres (§ **15**) ; éléments de la date séparés par des virgules (§ **43c**).

« Pascha » (l. 2), « Nativitatis… » (l. 17) : majuscule initiale aux noms de fêtes religieuses, prises comme références chronologiques (§ **35c**).

« quondam… archidiaconi » (l. 2-3) : apposition mise entre virgules (§ **43d**).

3. Acte en latin

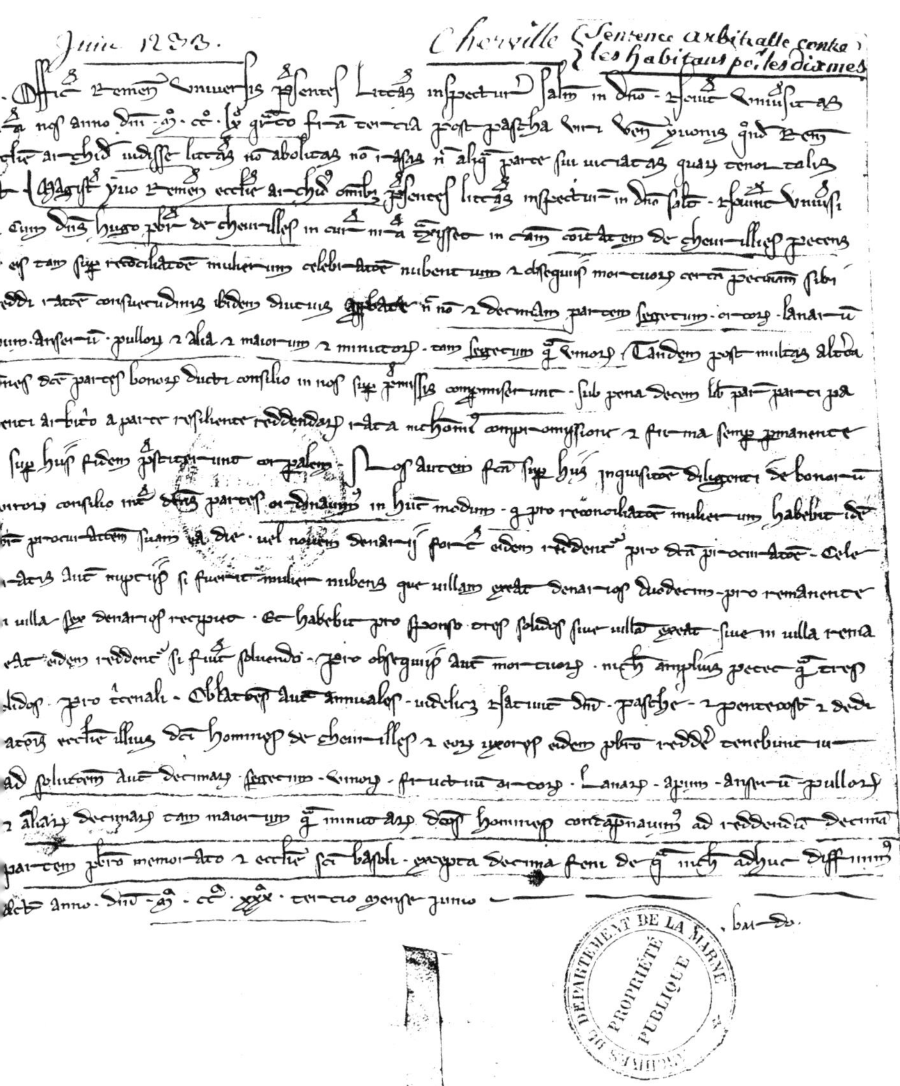

Juin 1233.

Cherville { Sentence arbitralle contre les habitans p. les dixmes

L. 4-22 : même non séparé dans l'original, le texte de l'acte inséré fait l'objet d'un paragraphe spécial, entre guillemets (§ **57a**).

« Magister Yvo, Remensis ecclesie archidiaconus, omnibus presentes litteras inspecturis, in Domino salutem. Noverint... » (l. 4) : une ponctuation forte sépare les éléments du discours diplomatique, ici protocole et notification ; des virgules séparent les différents élements du protocole (suscription, adresse, salut), comme le titre placé en apposition (§ **43c-d**).

« *Chevrilles* » (l. 5 et 18), « *Chevrillies* » (l. 5) : dans le cadre d'une rédaction latine, les mots exprimés en langue vulgaire sont imprimés en italique ; ces graphies ne répondent à aucune flexion latine connue, puisque la latinisation du toponyme donnerait sans doute une flexion du type « de Chevrillis » (§ **47a**). La variante *Chevrillies* pose du reste un problème, du fait que la forme moderne est Cherville (qui s'explique mieux à partir du latin « de Chevrillis » que du français « de *Chevrillies* ») ; il y a de fortes chances pour qu'elle soit uniquement due à une bévue de la copie de 1264 ; mais, se fondant ici sur un original, l'éditeur reproduit scrupuleusement les graphies, dont le caractère sûrement ou probablement fautif est signalé dans l'apparat (§ **1**).

« curia » (l. 5) : pas de majuscule, sauf exception, aux noms d'institution, ici pris dans un sens commun (cour de justice), par opposition à la Curie (par excellence et absolument), la Curie romaine (§ **36**).

« parisiensium » (l. 9) : rétablissement du nom de l'espèce monétaire au génitif pluriel après les sous et les livres (ce sont des sous et des livres de [deniers] parisis) ; voir par contre le rétablissement au nominatif de « fortes » (l. 13), directement appliqué à « denarii » (§ **18b**).

« rata... permanente » (l. 10), « facta... diligenti » (l. 11) : ablatifs absolus placés entre virgules (§ **43d**).

« in hunc modum quod » (l. 12) : pas de virgule avant le « quod » complétif (§ **43f**).

« Sancti Basoli » (l. 21) : la titulature de l'église est prise ici, avec majuscule initiale à « Sancti », dans son acception "toponymique" (en français contemporain, « Saint-Basle »), non comme la marque d'une propriété du saint (§ **35f**). L'éditeur ne s'est décidé qu'au vu de la date du document.

L. 23 : traitement des mentions hors-teneur (§ **57a**).

• • •

Renvoyant encore aux développements du fascicule II, on a choisi pour clôturer cette section trois documents d'archives qui montrent comment, dans un second temps, les principes posés ci-dessus pour les actes *stricto sensu* peuvent et doivent être adaptés, presque au cas par cas. Ils ne sont donnés ici, sans exhaustivité aucune, qu'à titre d'illustrations de l'indispensable réflexion que l'éditeur doit mener aussi sur la typologie documentaire, sur l'exploitation supposée et le public visé, sur les contraintes matérielles de l'édition (en complexité typographique, en longueur...) avant de décider de la présentation qu'il donnera de son édition.

4. Document ancien de lecture délicate

Comptabilité mérovingienne sur parchemin, seconde moitié du VIIe siècle, récupérée dans des reliures anciennes : reproduction de l'édition de Pierre Gasnault, *Documents comptables de Saint-Martin de Tours à l'époque mérovingienne*, avec une étude paléographique par Jean Vezin, Paris, 1975 (*Documents inédits*), p. 75.

Tout justifie ici, à la différence des simplifications de l'édition « courante » (exemple précédent), les partis sophistiqués d'une édition qui doit prendre en compte de graves problèmes paléographiques. Face à des fragments très endommagés, écrits en cursive mérovingienne et, pis encore, n'ayant aucun correspondant typologique connu, l'éditeur donne, en face de reproductions photographiques (certaines prises sous ultra-violet), une transcription qui permet à l'utilisateur de suivre pas à pas la grammaire abréviative, les restitutions plus ou moins certaines, les incertitudes de déchiffrement.

L'éditeur reproduit, page après page, la disposition du texte en colonne ; il numérote les lignes. Noter, dans la partie inférieure de la page reproduite, que les numéros de colonne et de ligne fournissent un moyen efficace de renvoi depuis l'apparat critique, comme dans des éditions littéraires, et permettent d'économiser les appels de note usuels dans les éditions de sources documentaires.

Il imprime en italique les abréviations ou signes tironiens développés. Il laisse sans les développer les abréviations de mesures et de céréales, dont la forme latine n'est pas sûre (par exemple ici « t. » = froment, *triticum* ; « or. » = orge ; « scl. » = seigle). Ce qui justifie surtout ce parti est que les formes sont, au long des fragments, affectées de variantes qui interdisent un développement standard des abréviations : le seigle est ainsi écrit sous des formes aussi variées que « segale », « s. », « se. », « sec. », « scl. », « secl. », « sigl. », « sigal. ».

Pour les lacunes, il place entre crochets droits les restitutions assurées, et remplace les autres par des points (trois points si la longueur de la lacune est difficile à préciser).

Il place un point sous chacune des lettres de lecture incertaine.

4. Document ancien de lecture délicate

DOCUMENT XIX 75

[colonne a]

...ANNIS...
... s t. III, or. III, scl. II.
...
...us t. *semis*, or. I.
..s... I, or. I.
...bercthus t. I, or. I.
...elus t. II, or. IIII.
...nus t. I, or. II, scl. *semis*.
...giselus t. *semis*, or. *semis*, scl. *quarsescio*.
...cus t. *semis*, or. *semis*, scl. *quarsescio*.
...arindus t. *semis*, or. *semis*.
.............VILLA NUTRICION.
... t. I *et semis*, or. III.
...us or. I *et semis*.
... t. *semis*, or. I.
... or. I.
...A ROCCONORUM
...us...
... t. II, or. V.
...eris or. II.
...nus or. II.
...or. IIII.
.............ANEBAUDE
...dis t. II, or. III.
... spl. I, or. I.
... t. I *et semis*, or. IIII.
...............A ZOCORONE
...t. ..., or. IIII.
... t. II *et semis*, or. II.
... or. III.
... cthus t. I *et semis*, or. III.
... n. *redebet* lign.
...lus *redebet* lign.
... t. I, or. III.
.............VILLA CHAREBAUDE
...atab... t. I, or. II.
...leudiernus t. I, or. I.
[CO]L. MOLINITTO
...chiernus t. sistaria III, or. I.
...themundus or. II.
...cheln. t. II, or. III.
...ercthus t. I, or. II.
...bercthus or. I.

[colonne b]

Urso t. *semis*, or. II.
Burgolenus t. II, or. I.
Uadolenus.
Audericus t. I, or. II.
Mauronlus t. I, spl. I *et semis*, or. I *et semis*.
Cuaddobercthus t. I *et semis*, or. II.
Gaeramnus *redebet lignum*.
Bercthinus.
Bercthechar.

Baudiernus.
Antonius or. I.
Chaddolenus t. *semis*, or. *semis*.
Aigoramnus.
Ursinus or. I.
Aigo t. I *et semis*, or. I *et semis*.
Medebercthus or. *semis*.
Bercthesundus diaconus *redebet lignum*.
Item Medebercthus *redebet lignum*.
Lopus *redebet lignum*.
Aldobercthus *redebet lignum*.
Ursus *redebet lignum*.
Aigolenus t. I *et semis*, or. II.
Gundolandus t. *semis*, or. I.
Launobercthus t. *semis*, or. I *et semis*.
Meroaldus *redebet lignum*.
Aunobercthus t. I, or. I.
Ebroaldus t. I *et semis*, or. II.
Aigomaris *redebet lignum*.
Segobercthus.
Bobolen. t. *quarsescio*, or. *semis*.
Item Cuaddobercthus t. *semis*, or. I.
Freden.
Sigilenus or. I.
Aldolenus *redebet* lign.
Busca or. I
Leudolenus t. *semis*, or. I.
Peter *redebet lignum*.
Martin.
Dulcerone *clericus redebet* lign.
Sindobercthus or. *semis*.
Medebercthus *redebet* lign.
Aunobercthus *redebet lignum*.
Genobercthus t. I, or. III.
Audiern. *redebet lignum*.
Ermetrudis or. I.
Cuiberatus or. *semis*.
Segomaris *redebet lignum*.
Aurilianis or. I.
...

[colonne c]

Leudobercthus ...
Chademundus t. sistaria ...
Ermelaicus t. sistaria II.
Gundobercthus *redebet* lign.
Fulcoaldus spl. I.
Launobercthus *redebet* ...
Berctheramn. *redebet* lign.
Bobosenus *redebet* lign.
Bodolenus or. *semis*...

Gomolenus *redebet* lign.
Godebercthus or. I.
Cuallesindus or. I.
Sigobercthus *redebet* lign.
Bercthemundus *redebet* lign.
Childebercthus ...
Nantoaldus ...
Lopiernus *redebet* lign.
Audo...
Gundegiselis ... lign.
Austrobercthus ... *Dedit*
...
Ermegiselus ...
Medeberctus ...
Segomaris t. *semis*, or. I.
Donatus t. *semis*, or. I.
Austroberthus.
Bobolena or. ...
Baudosindus ...
Baudolenus ...
Blidiernus ...
Childeramnus *redebet* lign.
Audobodus.
Mercorinus.
Sindolenus or. ...
Sindolaicus ...
Chadeberctus.
Corobercthus *redebet* lign.
Uullo *redebet* lign.
Harone. *Dedit*.
Gundericus.
Childolenus.
Boderamnus.
Domiernus.
Boso.
Aigoramnus.
An...
Chas ... maris ...
Launobercthus or. I.

a 1. Le mot dont il ne reste que les deux dernières syllabes est sans doute un nom de lieu en raison du module plus grand des lettres.

b 1. Ligne mutilée dans sa partie supérieure : la lecture *Urso* paraît cependant vraisemblable.

b 39. Le trait oblique qui surmonte la note *clericus* doit appartenir à la ligne 38.

b 49. Traces indistinctes de quelques lettres.

c 15. A partir de cette ligne des résidus importants de colle rendent plus difficile le déchiffrement.

c 48. Le bas de la colonne est resté blanc sur une hauteur d'environ 2 cm.

5. Dépositions de témoins[*]

Dépositions de 114 témoins recueillies en 1307-1308 dans le cadre d'une enquête sur les agissements de l'évêque d'Albi : Archivio segreto Vaticano, Coll. 404.

Le cas est ici relativement simple : le document est long et disert, mais l'éditeur juge nécessaire d'en fournir une édition intégrale pour donner toutes les chances à une étude fine des dépositions, de leur langue, de la stratégie des témoins comme des enquêteurs. Les adaptations des normes de transcription des actes portent donc essentiellement sur des points de présentation, qui facilitent le repérage.

La foliotation du document original est indiquée entre crochets droits au fil de l'édition (§ **54**). Pour les besoins des renvois (depuis le commentaire, depuis les index), l'éditeur numérote et les témoins et chaque « item » de leur déposition ; le document donnant déjà cette numérotation au fil du texte, il s'agit en fait d'une simple reconversion en chiffres arabes, portée en titre courant pour les témoins, entre crochets droits et en gras au début de chaque « article » sur lequel répond le témoin (§ **57a**) : comme l'édition est intégrale, l'absence de numéros (on saute par exemple ici de 21 à 25) signifie, non que le témoin n'a rien répondu à l'article correspondant (voir art. 28), mais que les accusateurs ne l'ont pas interrogé à son sujet.

On notera au passage l'usage des majuscules ; la reproduction des chiffres romains du texte ; la restitution des pratiques actuelles de ponctuation, aide incomparable à la construction grammaticale de phrases parfois fort longues ; l'impression en italique des mots exprimés en langue vernaculaire.

[*] Le présent dossier a été tiré par Julien Théry de son édition intégrale du document (cf. *La parole aux Albigeois : le procès de Bernard de Castanet, évêque d'Albi, 1307-1308, introduction historique et édition* ; résumé dans École nationale des chartes, *Positions des thèses...*, Paris, 2000, p. 253-265), de prochaine parution dans la collection des *Mémoires et documents de l'École des chartes*.

5. Dépositions de témoins

T. 59 : PONCIUS *SINALH* 276

[21] Item super XXI articulo sibi lecto diligenter interrogatus, dixit se nichil scire, nisi quod fama est de contentis in eo. Interrogatus quid est fama, dixit ut supra. Interrogatus apud quos est dicta fama et an illi sint inimici dicti episcopi, dixit ut supra in XII articulo. Interrogatus quid credit de contentis in articulo, dixit se credere contenta in eo esse vera, excepto quod non credit quod de mandato episcopi factum fuerit. Interrogatus quare credit, dixit ideo quia ipse testis vidit magistrum Johannem de Parisius, judicem in Albia et Albegesio in senescallia Carcassone pro domino nostro rege ; et dixit se audivisse dici a dicto judice, quadam die de qua dixit se non recordari, quod ipse judex, invitatus per gentes episcopi, comederat illa die aput Albiam in aula dicti domini episcopi. Item dixit se audivisse ab ipso judice, paulo post dictam comestionem, quod dictus judex plangendo dicebat ista verba[(a)] : « *Ge suey tuez !* » ; et tunc, ipse testis et quidam alii qui ibidem presentes erant pecierunt a dicto judice quid habebat et dictus judex respondendo dixit quod in aula episcopi, in dicto convivio, sibi date fuerant pociones ; et dixit ipse qui loquitur quod dictus judex incontinenti incepit infirmari, de qua infirmitate obiit. Interrogatus de loco et presentibus quando predicta verba dixit dictus judex, dixit quod apud Albiam, in domo in qua morabatur tunc dictus judex ; et erant ibi magistri Michael de Elemosina, Girardus Lombardi, notarii et Hugo de Chaugeyo, vicarius tunc Albegesii domini regis, et quidam alii, de quorum nominibus dixit se non recordari. Interrogatus de tempore, dixit se non recordari.

[25] Item super XXV articulo sibi lecto diligenter interrogatus, dixit se nichil scire, excepto quod est vox et fama in Albia de contentis in articulo quantum ad dictam Marquesiam. Interrogatus quomodo scit quod sit hujusmodi vox et fama, dixit quia tunc temporis dicebatur et adhuc dicitur per aliquas gentes. Interrogatus apud quas gentes, dixit quod inter aliquos clericos et aliquos laycos. Interrogatus an illi inter quos est dicta fama sint et essent tunc[(b)] [fol. 104] inimici dicti episcopi, dixit quod credit quod erant et sint inimici. Interrogatus de tempore quo dicta Marquesia fuit capta, dixit se non recordari. Interrogatus quid credit, an dictus episcopus comiserit adulterium cum dicta Marquesia, dixit quod non credit quod dictus episcopus, qui tantus erat, faceret talia.

[28] Item super XXVIII articulo sibi lecto diligenter interrogatus, dixit se penitus nichil scire.

[35] Item super XXXV articulo sibi lecto diligenter interrogatus, dixit quod, semel[(c)] duo domicelli, a quibus dictus episcopus repecebat duas partes decimarum quas ipsi detinebant, ut dicebant, in feudum et eos excomunicaverat quia moniti, nolebant eas restituere, vellent super hiis appellare ab officiali dicti episcopi, videlicet domino Guillelmo de Sancto Johanne, dictus officialis minatus fuit ipsi qui loquitur, qui ad recipiendum instrumentum super dicta appellatione, ut notarius domini regis venerat, quod si reciperet instrumentum super illa appellatione vel illam legeret, quod ipse capi faceret eum ; et dictus officialis dicebat mandatum a dicto episcopo super hoc habere et sic captum redderet eum, tanquam fautorem hereticorum, inquisitoribus heretice pravitatis. Dixit etiam quod, cum vicarius regis Francie, videlicet Guillelmus de Pezenchis, qui erat in Albia pro dicto rege venisset ad dictum episcopum ad denunciandum predicta que dixerat ipsi qui loquitur officialis predictus et dictus vicarius illa dicto episcopo exposuisset, ipse qui loquitur audivit a dicto vicario quod prefatus episcopus approbaverat et ratificaverat illa que dictus officialis dixerat ipsi qui loquitur. Interrogatus ad quem predicti domicelli appellare volebant, dixit quod ad archiepiscopum Bituricensem vel ad papam. De contentis in articulo dixit se nichil aliud scire. Interrogatus de tempore quo predicta fuerunt, dixit se non recordari. Interrogatus qui erant presentes, dixit quod plures advocati, de quibus[(d)] dixit se non recordari, et dicti duo domicelli.

(a) verba *répété et exponctué*.– (b) et essent tunc *ajouté en bout de ligne, dans la marge droite*.– (c) *suppléez* cum *avant* semel.– (d) de quibus *répété*.

6. Comptabilité de chantier*

Compte de la fabrique de l'église Saint-Gervais-Saint-Protais de Gisors, 1er octobre 1497-30 septembre 1498 : Arch. dép. Eure, G 2013 (24 feuillets, papier), part. fol. 11v-12.

L'éditeur opère ici dans une optique opposée à ce qui a été vu précédemment : il délaisse l'édition intégrale d'un document unique, pour saisir, dans une série, toutes les données relatives à un thème, en l'occurrence ici l'histoire de l'architecture[3].

Le document retenu à titre de spécimen est le compte annuel de la fabrique d'une paroisse engagée dans la reconstruction de son église (pl. 6a-b). L'importance des dépenses affectées aux travaux en constitue le principal intérêt. Ce cahier, relié au début d'un registre qui réunit quatre années d'exercice, offre toutes les caractéristiques d'un journal : périodicité hebdomadaire ; paiements multiples pour un même objet ; absence de renvois à des pièces justificatives ; additions ; alinéas mal calibrés ; pages blanches entre recettes et dépenses. Il est pourtant rédigé après coup, d'une même main, mais avec un médiocre esprit de synthèse. L'écriture discontinue trahit un va-et-vient entre recettes et des dépenses, et l'on relève une grosse erreur d'insertion de la semaine du 7 juillet. La mise en route du chantier quelques mois auparavant est la cause de ces hésitations, et la présentation déficiente qui en résulte explique finalement pourquoi le document, à la différence des suivants, n'a pas servi de support à l'audition des comptes de marguilliers.

a. L'édition du XIXe siècle. En 1849, le comte Léon de Laborde découvre à Gisors, où l'ont attiré les vues romantiques des *Voyages pittoresques* de Taylor et Nodier, les archives de l'église, conservées dans la sacristie. En quelques semaines, il dépouille quelque cent trente registres de comptes, couvrant les années 1460 à 1600, dont il extrait 261 articles qu'il publie dans trois livraisons des *Annales archéologiques* de 1849 (p. 144-161, 206-214, 319-328 ; deux extraits ici aux pl. 6c-d).

---

* Dossier préparé par Étienne Hamon.

3. On reviendra plus systématiquement, dans le fascicule II, sur l'adaptation des principes de transcription qu'appelle l'édition des comptes : l'aperçu qui en est donné ici a pour objectif de stimuler déjà la réflexion.

Cette édition accumule les négligences, que la précocité de l'entreprise n'explique pas seule : Achille Deville donnera dès l'année suivante une édition autrement plus convaincante des *Comptes de dépenses de la construction du château de Gaillon*, Paris, 1850 (*Documents inédits*). Ces négligences vont de la lecture approximative, notamment pour les noms de personnes, à la mauvaise appréciation de l'état de conservation du fonds (présenté comme étant complet, alors que les lacunes sont nombreuses, et interprétées à tort comme autant d'indices d'un ralentissement des travaux) et de la nature des documents (Laborde puise indifféremment dans les semainiers et dans les comptes définitifs et il lui a échappé que la fabrique gérait plusieurs budgets), en passant par des articles amputés d'informations essentielles.

La transcription respecte l'ordre chronologique des comptes, mais se montre avare de repères chronologiques précis ; le millésime annoncé correspond ainsi à une année qui débute au 1er octobre. Elle ignore aussi toute référence à un registre ou à un feuillet. Elle n'est précédée d'aucune présentation objective des critères de sélection des articles ; Laborde se contente d'écrire avoir retenu ceux « qui [lui] ont paru de quelque utilité dans les études archéologiques », mais écarté « tout ce qui n'avait d'intérêt que pour la petite ville de Gisors ». Enfin, la publication mêle transcriptions et commentaires personnels de l'éditeur, souvent sans que la typographie ne les distingue clairement.

En somme, vérification faite, et non sans mal, l'édition de 1849 offre une image pour le moins brouillée des documents originaux, constat d'autant plus inquiétant que ce travail a servi, jusqu'à une date récente, de base à toutes les études sur l'église. Les partis pris de la sélection et les commentaires peu pertinents ont durablement entretenu approximations et confusions sur la chronologie et l'attribution des travaux.

b. À la recherche d'une méthode d'édition sélective. L'édition du XIXe siècle met en évidence la principale difficulté posée par l'édition d'un compte : trouver une méthode adaptée à un type de document dont la richesse des informations et la longueur sont très inégales. Sans parler du cas où la comptabilité d'une institution couvre plusieurs siècles, le millier de feuillets est souvent atteint en l'espace d'une décennie ; or c'est précisément sur de telles durées que s'extraient les informations les plus pertinentes. L'édition intégrale étant irréalisable, tout le travail de l'éditeur consiste à optimiser le rapport entre données transmises et volume de l'édi-

6a. Comptabilité de chantier

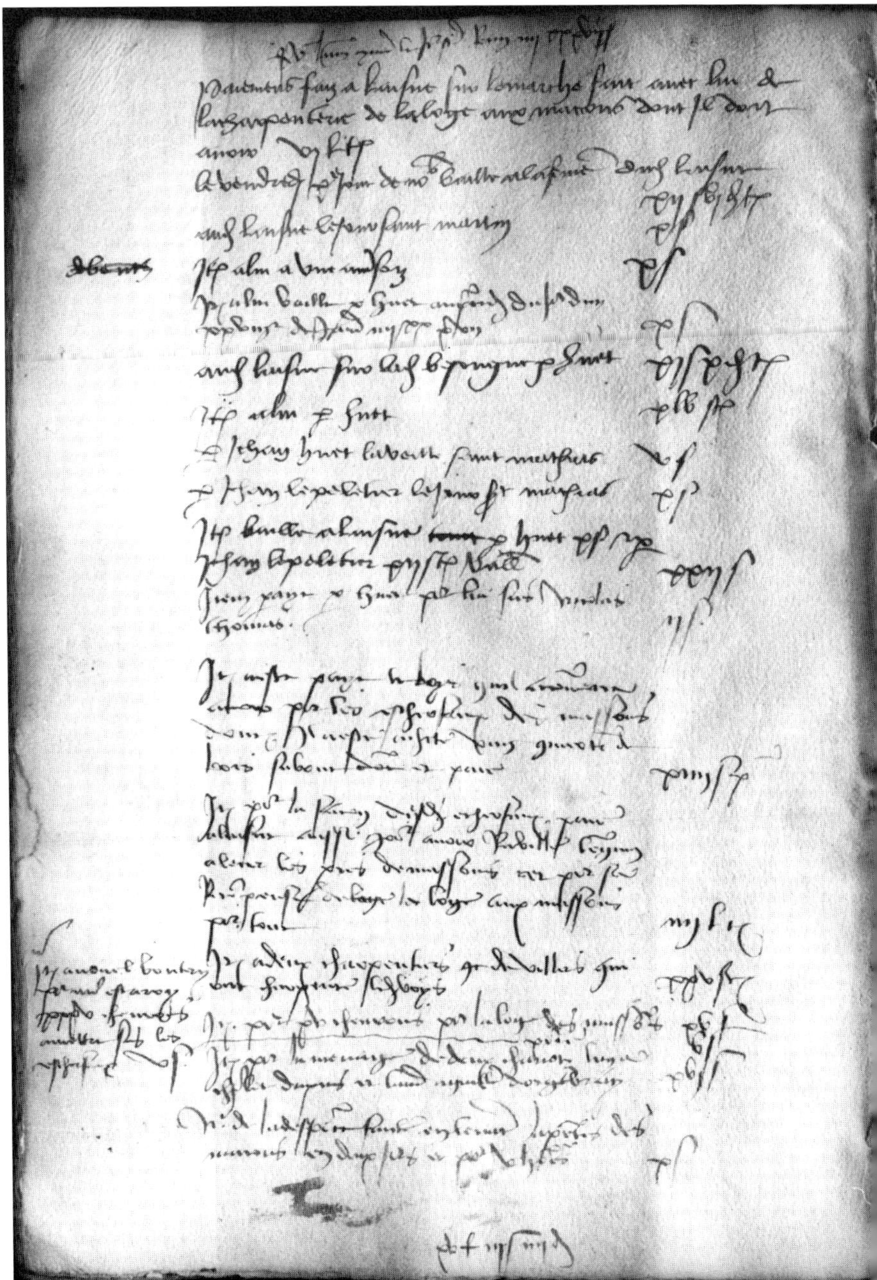

6b. Comptabilité de chantier

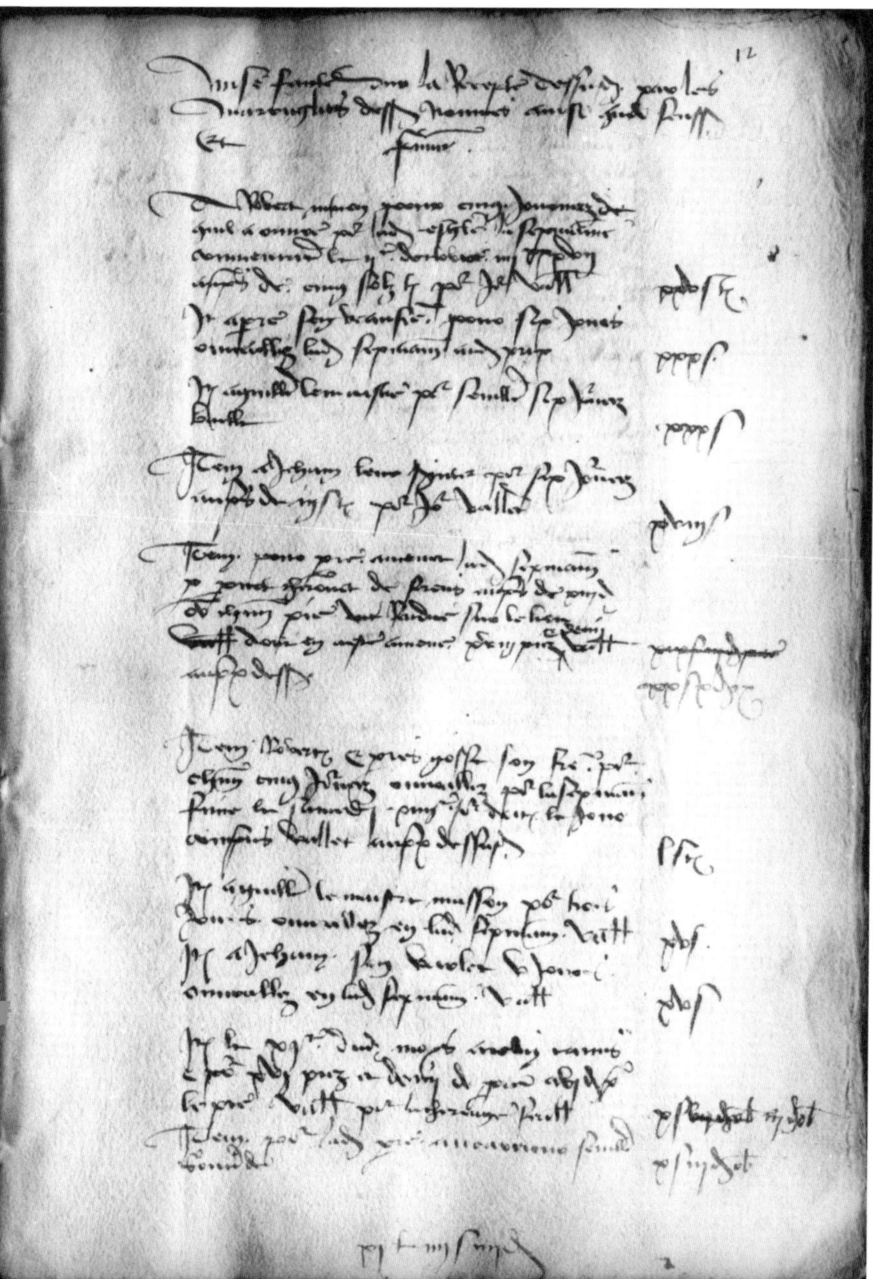

6c. Comptabilité de chantier (éd. ancienne)

152 ANNALES ARCHÉOLOGIQUES.

le 1er jour d'octobre iiij^{c}iiij^{xx} et trois, et fénissant, yceluy jour exclud, iiij^{c}iiij^{xx} et quatre. »

Les rentes sont inscrites avec les noms de ceux qui les paient, et le bien foncier sur lequel elles sont assises. Au point de vue local de la connaissance des familles, de leur filiation, des dates de mort de leurs membres, ces registres ont donc un grand intérêt; je ne soumets ici que ma très-petite récolte en noms d'artistes. Ces registres ont aussi de l'importance pour la topographie locale, j'en ai tiré parti ailleurs.

Après les rentes, on enregistrait la recette de la quête qui semble à peu près la même chaque semaine, mais qui va s'augmentant chaque année. Ensuite la recette pour droit d'inhumation, soit dans l'église, soit dans le cimetière. Cet enregistrement de toutes les morts est très-précieux. Venaient ensuite *les mises* ou les dépenses, d'abord fort modestes et confondues toutes ensemble; plus tard s'accroissant et formant les chapitres particuliers : 1° maçons; 2° manouvriers; 3° fournisseurs de pierres de taille; 4° de chaux et sablon; 5° les gages fixes de quelques chappelains, de l'organiste, etc.; 6° les menues mises; enfin 7° la visite et le contrôle du vicaire, et les deniers portés et non reçus.

L'extrait suivant offre tous les articles qui m'ont paru de quelque utilité dans les études archéologiques; ils sont le résultat de la lecture attentive de cent trente-trois registres, écrits sur papier, avec assez de négligence. J'ai dû élaguer tout ce qui n'avait d'intérêt que pour la petite ville de Gisors, assez insouciante de ces documents et fort étonnée d'apprendre, un beau jour, que je prenais la peine d'en secouer la poussière.

1483. — 1. à Messire Jehan Herindeberge pour avoir relié et remis à point ung antiphonaire, pour sa paine xxxii s.

1489. — 2. à Colin le Conteur, pour son dû de baleier et netayer l'église et fornir l'erbe verte aux festes solemnelles xxxii s.

1492. — 3. A Jehan Regnault, cordier, pour fournir et entretenir tous les cordages pour la sonnerie de toutes les cloches xxxij s.

1497. — 4. A Robert, maçon, pour cinq journées qu'il a ouvré pour ladite église la sepmaine commencée le ij d'octobre iiij^{xx} xvij au prix de cinq sols par jour, valent xxv s.

5. A Pierre, son beau frère, pour six jours xxx s.

6. A Guillaume le maistre pour six jours xxx s.

Ce sont les noms des trois maîtres maçons qui, avec leur valet, ont pris part à une longue série de travaux, dont on voit ici le commencement. La paie se faisait et était enregistrée tous les cinq jours, mais sèchement, et rarement avec la mention des travaux entrepris ou terminés. Je vais citer quelques articles qui prouvent que l'œuvre devait s'accomplir lentement, en

6d. Comptabilité de chantier (éd. ancienne)

même temps qu'elle était conduite par la fabrique avec toute la sollicitude d'une bonne ménagère.

7. Pour le cariage de dix pieds de pierre dure pour servir à construire le pillier de la chappelle, viij s. iiij den. qui est au prix de x den. tourn. chacun pié et pour l'amenage vi s. iij den. xiiij s. vij den.

8. Pour une livre de chandelle pour les maçons xiiij den.

9. A Fouques James pour quatre poulies qui servent à soustenir la lanterne et la lampe de la nef viij s.

10. A Jehan Doulx et Colin Vien, manouvriers, pour avoir netoyé et mis hors de l'église les cureures des voultes et autres immondices yssues des anciennes murailles de l'église qu'on a démolies, où ils ont vacqués trois journées et demi xiiij s. t.

Un autre article de ce genre suit plus loin; on démolissait, à grand renfort de journées d'ouvriers, les anciennes murailles de l'église et même les piliers :

11. Payé à Jehan Doulx et Barat, manouvriers, pour abattre le gros pillier pour faire la chapelle neufve et mis hors l'église les ordures, pierres et mortier dudict pillier, par marchié fait avec eulx lx s.

1498. — 12. Mises pour ceste présente année aux caraieux et aux voituriers qui ont amené de la pierre et aux chauffourniers.

Il suffira de dire que chaque voiture de pierres, chaque charretée de chaux ou de sable est enregistrée; nous avons vu le prix de la pierre.

13. Payé à Ballehache, aisné, pour lui et ses compaignons sur ce qu'il doit avoir pour faire les pavillons des chappelles lesquelz il doit faire à soury et gaigne ii s. tourn. par joint xxxv s. vi den.

C'est la chapelle Notre-Dame, comme on le voit par les autres articles où sont énumérées, en détail, les dépenses de maçonnerie, couverture, etc.

14. A Laurent James, organiste, pour ses gaiges de l'année finie à Pasques iiij^{xx}xix pour avoir joué des orgues en ladite église durant l'année c s.

15. A Fouques pour avoir soufflé les orgues quant il a esté besoing durant ladite année xxx s.

16. Paié au paintre qui a paint l'ouvraige de plom estant sur les pavillons.

17. Pour sept....? d'or à dorer la fleur du lys qui est à l'un desdits pavillons et les autres ouvraiges xlviij s.

18. Autres mises touchant les fondemens des chappelles commencées devant le cueur de l'église.

C'est la partie ancienne de l'église, un gothique assez simple de la fin du xve siècle. On avait conservé de la décoration primitive de l'église et on a placé devant la façade, sur un piédestal de la façon de Jehan Grapin, une Vierge

IX. 20

tion, sans priver totalement l'utilisateur du contact avec le texte original : les qualités littéraires de celui-ci peuvent être négligeables, mais sa valeur philologique est immense.

La plupart des règles énoncées pour la transcription des actes sont applicables aux comptabilités. On distingue ainsi par des italiques les formules latines relatives à la gestion qui émaillent un texte où la langue vulgaire est très tôt privilégiée. On indique également en note les mentions ou ajouts marginaux ; on peut signaler de la même manière les changements de main, voire de plume, fréquents dans le cas d'un papier journal, mais parfois révélateurs d'un changement de semaine qui n'est nulle part annoncé. Dans une édition longue, on a naturellement intérêt à les traiter en notes de bas de page (par simplification, dans l'illustration qui suit, on les a rejetées à la suite de la transcription).

Une attention particulière est accordée au **repérage du texte**. Deux indications sont essentielles pour le renvoi au manuscrit : la référence au document (une édition de ce genre met souvent à contribution plusieurs registres), qui peut figurer en pied de page, et le changement de pages qui est signalé entre crochets carrés au fil de l'édition. Les renvois à l'édition (dans les indispensables glossaires, index et commentaires) sont, quant à eux, facilités par l'indication du millésime concerné en titre courant et par la numérotation des alinéas (éléments volontairement écartés dans l'exemple ci-dessous).

La **présentation** doit conserver, en l'améliorant, la lisibilité de l'original. Dans ce sens, la présentation sur plusieurs colonnes offre des avantages par trop limités : l'économie de place ne compense pas la perte en agrément de lecture dès que les articles dépassent une ligne ; on se prive aussi de la possibilité de hiérarchiser les entrées, en affectant notamment d'un retrait supplémentaire les articles correspondant à un même objet ou détaillant une même dépense globale (voir l'exemple de Gisors). Dans un tel cas, il peut d'ailleurs être nécessaire de restituer des alinéas en lieu et place d'un texte continu.

L'éditeur a soin, en tout cas, de rejeter les sommes en fin d'alinéa, au bout d'une ligne de point. Comme son objectif n'est pas ici l'histoire économique, il est par contre inutile de réserver une colonne à chacune des composantes (livres, sous, deniers). Dans le cas d'une édition tout du long, la vérification des mouvements de fonds est facilitée par la reproduction des totaux inscrits en pied de page : y sont en effet converties dans une unité de compte commune (en général le denier tournois) les sommes exprimées dans les articles en unités de compte variables (le denier parisis cohabite souvent avec le tournois), en monnaies ou même en nature.

Où l'édition se sépare plus radicalement de l'édition d'un acte, c'est qu'elle peut aisément, sans perdre d'information, opter pour un certain nombre d'**allègements**, dans le but d'économiser la place et de fluidifier la lecture. Sont ainsi supprimées toutes les formules qui ont pour fonction de scander la succession des alinéas, que l'éditeur rend déjà plus visible par la typographie (« et premierement », « item »...), et les formules qui, pour la même raison, annoncent les sommes, que l'éditeur distingue mieux par les lignes de points et les retraits (« vallent », « pour ce ici »...).

Certaines abréviations de mots récurrents ne sont pas restituées, tels les composés de « dit » (§ **24a**). On généralise aussi les initiales £ (pour livre, de préférence au « l. » vite confondu avec le chiffre « 1 »), s. (pour sou ou sol) et d. (pour denier).

Les chiffres romains freinent la lecture et sont source de confusions. L'éditeur convertit donc ordinaux et cardinaux en chiffres arabes, y compris pour les formules mixtes (lettres et chiffres) ; il ne procède ainsi que pour les sommes et les totaux divers, gardant les chiffres romains pour les dates (§ **15c**).

[Dépenses] (...)

[fol. 11v] Pour l'annee commençant le jour Sainct Remy IIII^{XX}XVII.

Paiemens faiz a Laisné sur le marché fait avec lui de la charpenterie de la loge aux maççons, dont il doit avoir 6 £ t.

Le vendredi X^{e} jour de novembre, baillé a la femme dud.
Laisné .... 12 s. 6 d. t.
Aud. Laisné le jour Saint Martin .... 10 s.
A lui une autre foiz .... 10 s.[1]
A luy baillé par Huet au precedent du jour d'uy, XXVIIIe de
janvier IIII^{XX}XVII .... 10 s.
Aud. Laisné sur lad. besongne par Huet .... 11 s. 10 d. t.
A luy par Huet .... 45 s. t.
Par Jehan Huet, la veille Saint Mathias .... 5 s.
Par Jehan Le Peletier, le jour Saint Mathias .... 10 s.
A Laisné par Huet 10 s. et par Jehan Le Peletier 12 s. t. .... 22 s.
Par Huet pour lui sus Nicolas Thomas .... 2 s.
A esté paié le boys qu'il a convenu avoir pour les escherfaux
des massons dont il a esté acheté ung quartier de bois subout .... 14 s. p.

Pour la façon desd. echerfaux paié a Laisné, aussi pour avoir rabillé l'enguin a lever les pierres de massons et pour sa recompense de la loge aux massons .... 4 £ t.
A deux charpentiers de Villers qui ont charpenté led. boys .... 25 s. t.
Pour 15 chevrons pour la loge des massons .... 15 s.
A Nouel Boutery pour avoir escarry 35 chevrons a mettre sus les escherfaux .... 5 s.(2)
Pour l'amenage de deux chariotz, l'un a Charlot Dupuis et l'autre a Guillaume Dorgebray .... 16 s.
De la despence faicte en levant l'apentis des maçons en 2 jours et pour 5 hommes .... 10 s.

[*En pied de page :*] 15 £ 3 s. 4 d.

[fol. 12] Mise faicte sur la recepte dessusd. par les marrugliers dessus nommés ainsi qu'il s'enssuit.
A Robert, maçon, pour cinq journeez qu'il a ouvré pour lad. esglise la sepmaine commençant le IIe d'octobre IIII^{XX}XVIII au pris de 5 s. t. pour jour .... 25 s. t.
A Pierre, son beau frere, pour six jours ouvrablez lad. sepmaine aud. prix .... 30 s.
A Guillaume Le Maistre pour semblable six journeez .... 30 s.
A Jehan, leur serviteur, pour six journeez au pris de 3 s. t. pour jour .... 18 s.
Pour pierre amenee lad. sepmaine par Pernot Cheronnet de Serens au pris de 13 d. ob. chacun pié randue sur le lieu, dont en a esté amené 18 piez et demi au prix dessusd. .... 20 s. 10 d. p.(3)
Robert et Pierres Gosse son frere, pour chacun cinq journeez ouvrablez pour la sepmaine finie le samedi XIVe jour d'octobre, le jour comprins, au prix dessusd. .... 50 s. t.
A Guillaume Le Maistre, masson, pour trois jours ouvrablez en lad. sepmaine .... 15 s.
A Jehan son varlet 5 jours ouvrablez en lad. sepmaine .... 15 s.
Le XIe dud. moys a Colin Camus et pour 16 piez et demy de pierre a 6 d. p. le pié, pour le cheriage seullement .... 10 s. 3 d. ob.
Pour lad. pierre, au carrieur semblable somme de .... 10 s. 3 d. ob.

[*En pied de page :*] 11 £ 4 s. 4 d.

(1) debentur *ajouté dans la marge de gauche puis biffé.* — (2) *Article ajouté dans la marge de gauche, avec la somme insérée dans celle de droite au bout d'un trait de plume.* — (3) *Le scribe qui avait initialement comptabilisé 18 pieds a ajouté au dessus de la ligne* demi *et ajouté en fin d'alinéa* au prix dessusd.*, puis rayé et refait le total.*

c. Une édition synthétique en forme de tableau. Les comptes de travaux sont souvent extrêmement répétitifs, et ce d'autant plus qu'il s'agit d'un état précoce dans l'élaboration de la comptabilité (semainier, recueil de pièces justificatives...). Il n'est dès lors plus question d'éditer le texte intégral, même si celui-ci n'excède pas quelques dizaines de feuillets ou que l'on n'en présente qu'une sélection. Une présentation mixte s'impose alors, combinant sélection d'articles transcrits et documents synthétiques (tableaux, graphiques, histogrammes, secteurs), selon un principe répandu pour ce type de sources depuis une vingtaine d'années[4].

Les données répétitives non exclusivement chiffrées peuvent être présentées dans des tableaux. L'éditeur définit au préalable la nature des informations qu'il souhaite faire apparaître (entrées des lignes et colonnes) et le degré de précision retenu. L'objectif est de rendre apparents les faits exprimés par des données diffuses, éparses.

L'exemple tiré de l'année 1497-1498 du compte du chantier de l'église de Gisors (pl. 6e) dévoile ainsi d'un coup d'œil des pics ou baisses d'activité saisonniers ; met en lumière les rythmes propres à chaque intervenant ; renseigne, par la qualification de ces derniers, sur la nature des travaux ; révèle la corrélation entre activité des hommes et fournitures de matériaux... et parfois des crises que rien dans le texte n'annonce ni n'explique.

À mi-chemin entre édition et élaboration historique, une telle présentation offre un surcroît d'informations par rapport à la publication linéaire, exhaustive ou allégée de quelques formules. Elle permet aussi d'appréciables économies de place. Sachant que les recettes n'occupent, à Gisors, qu'une poignée de feuillets et que les paiements aux maçons, manœuvres et pierres représentent les trois quart des dépenses, on peut estimer que le tableau proposé enregistre 50 % des informations contenues dans le document.

Le reste des données relatives aux dépenses peut être pris en compte en accroissant la précision du même tableau (noms des manœuvres, qualités et prix unitaires des pierres, livraisons par transporteur) et en y intégrant de nouveaux champs (autres fournitures), ou bien en établissant de

4. Voir, à titre d'exemples, Wilhelmus Hermanus Vroom, *De financiering van de kathedraalbouw in de middeleeuwen*, Maarssen, 1981 ; Jean Mesqui, *Le pont en France avant le temps des ingénieurs*, Paris, 1986 ; Stephen Murray, *Building Troyes cathedral : the late gothic campaigns*, Bloomington (Ind.), 1987.

6e. Comptabilité de chantier (tableau synthétique)

Activité des maçons et des livraisons de pierre du chantier de l'église de Gisors, année 1497-1498

semaine (samedi de paie)	Robert Jumel 5 s./jour	Pierre Gosse 5 s./jour	G. Le Maistre 5 s./jour	Jean le valet 3 s./jour	Journées de manœuvres 2 s./jour	Pieds de pierre livrés
07/10/1497	5	6	6	6		18,5
14/10/1497	5	5	3	5		48,5
21/10/1497	5	5	5	3		60
28/10/1497	5	5	5	5		84,5
04/11/1497	3,5	3,5	0,5	3,5		33,5
11/11/1497	5	5	5	5		
18/11/1497	5	5	5,5	5,5		10
25/11/1497						
02/12/1497	5					47,5
09/12/1497	4					24,5
16/12/1497	6					19
23/12/1497	5					48,5
30/12/1497	2	2				48
06/01/1498						
13/01/1498						42
20/01/1498						
27/01/1498						105,5
03/02/1498	5	5				30
10/02/1498	6	6				30
17/02/1498	6	6				63
24/02/1498	4	4				86
03/03/1498	5,5	5,5				
10/03/1498	6	6				
17/03/1498	6	6				42
24/03/1498	6	6				93,5
31/03/1498	6	6				74
07/04/1498	6	6				131
14/04/1498	4	3				50
21/04/1498	3	3				
28/04/1498	5	5		5		
05/05/1498	4	4	2	4		35
12/05/1498	5	5	2	5	7	
19/05/1498	6	6	6	6	11,5	72,5
26/05/1498	4	4	4	4	4,5	18,5
02/06/1498	6	6	6	6	6	
09/06/1498	3	3	2	3	3	
16/06/1498	5	5	3	5	4	
23/06/1498	4,5	4,5	1,5	4,5	4	
30/06/1498	5	5	4	4	5	36
07/07/1498	4	4	3	5	3	
14/07/1498	5	5	5	6	4	18
21/07/1498	6	6	3,5	4	5,5	
28/07/1498	4	4		2	4	12+Vernon*
04/08/1498	4	4		3	4	
11/08/1498	4	4		3	2	
18/08/1498	4,5	4,5	1,5	3		60
25/08/1498	5	5	3	5	2	191,5
01/09/1498	5	5	5	4	5	33
08/09/1498	4	4	4,5	4,5	2	62
15/09/1498	5	5	4	4	1	66
22/09/1498	5	5	4	5		
29/09/1498	5	5	4	5	5	30
Total	**227**	**207**	**98**	**133**	**82,5 + 30** (démolition)	**1824 + Vernon***
	Total des journées de maçons : 665					

* : 18 tonneaux de pierre de Vernon.

nouveaux tableaux. Une sélection d'articles transcrits complétera ces tableaux, articles choisis pour le caractère exceptionnel des informations qu'ils contiennent ou pour le surcroît de précision qu'ils apportent : liens de parentés, fonctions et titulatures des intervenants exprimées au détour d'un alinéa conventionnel, termes techniques ou intéressant du point de vue philologique qui seront par ailleurs relevés dans un glossaire.

Ainsi la totalité des informations contenues dans les vingt feuillets du compte de cette année peuvent être présentés sous la forme de trois ou quatre tableaux accompagnés de quatre ou cinq pages d'articles transcrits ou de glossaire. Sur cette base, l'édition d'une comptabilité pluriannuelle peut être dès lors aisément envisagée. Quel que soit le mode d'édition choisi, la reproduction d'une ou quelques pages significatives de la présentation du document original offrira un indispensable complément d'information.

1. Notes de lecture sur saint Augustin

AF 1149

Saint Augustin, De civitate Dei, *extraits du livre XVIII (Bibl. nat., lat. 5014, fol. 33)*

ANNEXE 2

TEXTES LITTÉRAIRES LATINS

1. Notes de lecture sur saint Augustin

Notes de lecture sur le *De civitate Dei* de saint Augustin. Le manuscrit, Paris, Bibl. nat. de Fr., lat. 5014 (ici fol. 33), est du XIII[e] siècle. Le passage concerné comprend des extraits de *De civ. Dei* XVIII, 15-16 et 19.

Et Virgilius notioribus litteris dicit :
Is[a] genus indocile et dispersum montibus altis
composuit, legesque dedit, Latiumque vocari
maluit, his quoniam [~ » ~] tutus in oris[b]
aureaque [~ » ~] perhibent illo sub rege fuisse
secula[1].

Sed hec poetica opinentur esse figmenta, et Pici patrem Stercen pocius fuisse asseverent. A quo peritissimo agricola inventum ferunt ut fimo animalium agri fecundarentur, quod ab ejus nomine stercus est dictum. Hunc quidam Stercutium vocatum ferunt. Qualibet autem ex causa eum Saturnum apellare voluerint, certe tamen hunc Stercen sive Stercutium merito agricul-ture fecerunt deum. Picum quoque similiter ejus filium in talium deorum numerum receperunt, quem preclarum augurem et belligeratorem fuisse asserunt. Picus Faunum genuit, Laurentum regem secundum. Etiam iste deus illis vel est vel fuit. Hos ante troianum bellum divinos honores mortuis hominibus detulerunt. Troia vero eversa et[2] excidio illo usquequaquam cantato puerisque notissimo, quod et magnitudine sui et scriptorum excellentibus linguis insigniter diffamatum atque vulgatum est gestumque, regnante jam Latino Fauni filio, ex quo Latinorum regnum dici cepit, Laurentumque cessavit, Greci victores deletam[c] Troiam relinquentes et ad propria remeantes, diversis et orrendis cladibus dilacerati atque contriti sunt. Eo tempore post captam Troiam atque deletam, Eneas cum xx navibus quibus reliquie portabantur Troianorum in Italiam venit, regnante ibi Latino, et apud Athenienses Nosteo[3], apud Sicionios Polifide, et apud Assirios Autane[4], apud Hebreos autem judex Labdan fuit. Mortuo autem Latino regnavit Eneas tribus annis, eisdem in supradictis locis manentibus regibus, nisi quod Sicioniorum jam Pelafus erat et Hebreorum judex Samson, qui cum mirabiliter fortis esset, putatus est Hercules. Sed Eneas quoniam quando mortuus est non comparuit, deum sibi fecerunt Latini.

a) his *A*. — b) horis *A*. — c) delatam *A*.

1. ... his quoniam latuisset tutus in oris / aureaque, ut perhibent, illo sub rege fuere / secula : Virgilius, *Æn.* in *De Civ. Dei* 18, 15.
2. eversa et : eversa *De Civ. Dei* 18, 16.
3. Menestheo *De Civ. Dei* 18, 19.
4. Tautane *De Civ. Dei* 18, 19.

Traduction

C'est-ce que Virgile dit dans un passage bien connu :

« C'est lui qui donna de la stabilité à cette race indocile et dispersée sur de hautes montagnes, et qui leur donna des lois ; et il voulut que ce pays s'appelle le Latium, parce qu'il avait été en sécurité en ces lieux ; c'étaient les siècles d'or, à ce qu'on rapporte, lorsqu'il était roi. » — Mais ce sont des inventions de poètes. La vérité, c'est plutôt que Sterces fut père de Picus. C'est par ce Sterces, excellent agriculteur, que fut inventé, dit-on, l'usage de fertiliser les champs avec du fumier animal, qui fut appelé d'après son nom (*stercus*). On dit qu'on l'appelait aussi Stercutius. Quelle que soit la raison pour laquelle on voulut l'appeler Saturne, ce qui est sûr c'est que les hommes firent, comme il se devait, dieu de l'agriculture ce Sterces ou Stercutius. De la même façon ils reçurent aussi au nombre des tels dieux son fils Picus, dont on rapporte qu'il était remarquable devin et combattant. Picus engendra Faunus, le second roi de Laurentes. Celui-là aussi est ou a été un dieu pour eux. Avant la guerre de Troie, ils rendirent à des hommes morts ces honneurs divins. Mais après la ruine de Troie, alors que sa chute était chantée partout et bien connue même des enfants, parce que la grandeur de l'événement et l'adresse littéraire des écrivains l'avait remarquablement fait connaître, divulgué et célébré, sous le règne désormais de Latinus le fils de Faunus, à cause duquel ce royaume échangea le nom de Laurentes pour celui des Latins, les Grecs victorieux laissant Troie détruite et retournant chez eux furent déchirés et écrasés par des désastres divers et épouvantables. A cette époque, après la prise et la destruction de Troie, Enée vint en Italie avec vingt navires sur lesquels étaient transportés les restes des Troyens ; c'était alors le règne de Latinus en Italie, de Menesthès à Athènes, de Polyphide chez les Sicyons, de Tautan chez les

Assyriens, et Labdan était juge chez les Hébreux. Après la mort de Latinus Enée régna trois ans, les mêmes rois étant toujours sur le trône, sauf que Pelaphus régnait désormais chez les Sicyons et que chez les Hébreux était juge Samson, lequel était si extraordinairement fort qu'on le prit pour Hercule. Mais, comme à la mort d'Enée on ne retrouva pas son corps, les Latins s'en firent un dieu.

La difficulté vient du caractère du texte : comme ce sont des notes de lecture, il ne s'agit pas de contribuer à l'édition d'un texte original (déjà connu et édité d'après des témoins beaucoup moins corrompus), mais de voir comment le lecteur de la *Cité de Dieu* au XIIIe siècle a pu comprendre le texte. On éditera donc en supprimant uniquement les fautes évidentes, celles qu'un lecteur réfléchi et cultivé aurait pu corriger de tête.

La citation, attribuée à Virgile, est bien évidemment corrompue à partir du troisième vers, puisqu'on ne peut la scander. On disposera vers par vers pour identifier les limites du texte et sa nature, ce que le copiste, trompé par son modèle et par l'état corrompu du texte, ne pouvait envisager de faire. Une recherche de la source permet de voir que deux mots, nécessaires pour que les vers se tiennent, manquent. On pourrait envisager de les restituer dans le texte (entre crochets droits), mais comme leur absence a entraîné d'autres corruptions (*fuisse*, infinitif, pour *fuere*, parfait, à cause de la chute de *ut*, rend un semblant de cohérence à la phrase), on peut se contenter d'indiquer la lacune par le nombre de demi-pieds manquants pour faire un hexamètre, ce qui a l'avantage de rappeler que le lecteur du manuscrit ne disposait pas de ces corrections. Dans ce contexte, il est inutile de corriger *fuisse* de la fin du quatrième vers.

Deux *h* superflus, dans cette citation, se trouvent créer ambiguïté, par confusion possible avec des mots existants. La question se pose de corriger ou non : il est probable que le lecteur s'est arrangé pour comprendre ces vers, au prix d'un contresens (en faisant porter *his* sur *montibus altis*) et d'un faux-sens (sur *oris/horis*), mais de toute façon il ne pouvait percevoir la fin de la citation que de façon approximative. Cependant, comme il vaut mieux agir sur les flottements orthographiques lorsqu'ils causent ambiguïté, et comme on n'a pas la preuve que le copiste/lecteur médiéval n'a pas identifié les mots, on peut envisager de corriger, à condition que l'utilisateur moderne de l'édition puisse se rendre compte d'un coup d'œil, comme c'est le cas ici, que le lecteur médiéval ne disposait pas du même texte. On ne restituera pas, en revanche, le *h* de *[h]orrendis* (l. 16), son absence n'étant qu'un flottement orthographique sans ambiguïté possible.

Inutile aussi de supprimer le *et* (*excidio illo*, l.12), qui n'est pas dans le texte source, mais ne change rien au sens. Ces différences sont indiquées dans les notes de source.

Le copiste a également saccagé les noms propres cités au dernier paragraphe. On indiquera également en note la leçon originale, sans l'intégrer dans le texte, puisque l'utilisateur peut comprendre le texte même avec des noms écorchés.

Mais l'erreur de la ligne 16, *delatam*, n'a pas de sens puisqu'on ne peut abandonner Troie en l'emportant : il faut donc corriger.

On remarquera les marques de ponctuation, dont le *punctus elevatus*, (l. 2, 4, 5, 7, 9, 14, 16, 19, 20) qui sert très correctement à indiquer une pause d'attente forte entre deux parties de la phrase, en faisant attendre une suite, notamment l. 14 après *gestum est*, pour éviter qu'on ne lui rattache la suite de la phrase et pour le rejeter sur le même plan que les participes passés précédents. Mais, l. 11, après *honores*, il sépare le complément d'objet du verbe dont il dépend et peut donc être considéré comme une véritable faute de ponctuation. D'une façon générale, on peut s'inspirer de la ponctuation du copiste, mais pas sans la discuter.

On remarquera encore la forme extrêmement proche des *c* et des *t* dans des mots comme *Stercen* et *Stercutium* (l. 6 et 8). A la ligne 2, le copiste a même visiblement écrit *Lacium*, selon la prononciation médiévale (pour *Latini, Latinorum,* l. 15, 19, le *t* est beaucoup plus net). Dans ces cas-là il vaut mieux, en cas de doute, identifier la lettre telle qu'on peut l'attendre d'après le mot signifié, plutôt que de multiplier les variantes.

2. Un texte corrompu

Jean Beleth, *Summa de ecclesiasticis officiis, De vinculis beati Petri.* Paris, Bibl. nat. de Fr., lat. 994, fol. 26. XIVe siècle (siglé : P).

Le texte est extrêmement répandu, à des centaines d'exemplaires, ce qui explique sa corruption rapide. A supposer qu'il n'existe que ce manuscrit (d'ailleurs enrichi d'interpolations qui n'ont pas été retenues par l'édition[1], le texte qu'il véhicule devrait être corrigé à plusieurs reprises.

De vinculis beati Petri. Sequitur de festo beati Petri ad Vincula. Teosobia, uxor Theodosii imperatoris, Jerosolimam peregre proficiscens[a], cum transiret per Alexandriam, homines terre illius festum quoddam faciebant ad honorem Agusti Cesaris[b] de triumpho habito de Cleopatria et Marcho Antonio ; quod videns Theosobia valde indoluit, et graviter ferens [quod] gentili et dampnato tantus honor exiberetur, cum autem veniret Jerosolimam, date sunt ei catene[c] quibus ligatus fuit Petrus sub Herode. Tunc Romam rediens consuluit[d] dominum papam et narravit ei quid viderat in Alexandriam, ostendens illi catenas que[e] sibi date fuerant Jerosolimis. Tunc dominus papa jussit asportare alias catenas quibus ligatus fuerat beatus Petrus sub Nerone, que cum tangerent[f] alias, conjuncte sunt ambo miraculose ac si[g] semper heedem[h] fuissent. Quo viso[i] Theosobia ad honorem beati Petri edificare fecit ecclesiam, de consilio domini pape, predictas catenas ibi ponens, et dedicata est[j] illa kalendis augusti, et statuit papa ut quod fiebat prius indiscrete principi mundano et perdito, modo pia[k] christianorum devocio faceret principi apostolorum Petro. Et ita hec sollempnitas beati Petri extinxit festivitatem Augusti.

Nota quod non dicitur festum illut Vincula[l] eo quod tunc Petrus vinculatus fuisset, sed quia Theosobia[m] propter predictum[n] miraculum dedicavit ei ecclesiam ; et nota quod cum Constantinus vellet Porfirium Grifaneti amicum suum ad fidem cogere, quia multa volumina fecerat contra fidem christianam, ait : « Odero si potero, si non invitus amabo » ; sed Silvester papa noluit eum baptizari, quia eclesia catholica neminem trahit invitum.

a) proficissent *B.* — b) cesarius *P.* — c) catene : caute ne *P.* — d) consulit *P.* — e) qui *P.* — f) tangent *P.* — g) asi *P.* — h) cecedere *P.* — i) visio *P.* — j) ejus *P.* — k) pria *P.* — l) Judea *P.* — m) Theosibi *P.* — n) predictio *P.*

1. *Joannis Beleth Summa de ecclesiasticis officiis*, edita ab G. Douteil, Turnhout, 1976, p. 277, l. 10 et s.

Traduction

Ensuite nous parlerons de la fête de Saint-Pierre-aux-Liens. Théosobie, la femme de l'empereur Théodose, partant en pèlerinage pour Jerusalem, en passant par Alexandrie, les homme de ce pays faisaient une fête en l'honneur de l'empereur Auguste pour son triomphe sur Cléopâtre et Marc Antoine ; ce que voyant Théosobie en fut fort courroucée, supportant mal qu'un si grand honneur soit rendu à un païen damné. Quand elle vint à Jérusalem, on lui donna les chaînes avec lesquelles Pierre avait été lié sous Hérode. Revenant alors à Rome, elle prit conseil du seigneur pape et lui raconta ce qu'elle avait vu à Alexandrie, en lui montrant les chaînes qui lui avaient été données à Jérusalem. Alors le seigneur pape ordonna d'apporter d'autres chaînes avec lesquelles avait été lié saint Pierre sous Néron, et quand elles touchèrent les autres, elles se joignirent toutes deux miraculeusement comme si elles avaient toujours été les mêmes chaînes. Ce que voyant, Théosobie fit construire une église sur le conseil du seigneur pape, en y plaçant les dites chaînes, et cette église fut dédiée aux calendes d'août, et le pape décida que ce qui se faisait auparavant sans discernement en l'honneur d'un prince mondain et damné, la pieuse dévotion des chrétiens le ferait désormais pour le prince des apôtres Pierre. Et ainsi cette fête de saint Pierre remplaça la fête d'Auguste [*qui est aussi la fête d'août*].

Remarque qu'on n'appelle pas cette fête Les Liens parce qu'alors Pierre avait été lié, mais parce que Théosobie lui dédia une église à cause de ce miracle. Et note que, alors que Constantin voulait contraindre à croire son ami Porphyre Gryphon, parce qu'il avait fait beaucoup de livres contre la foi chrétienne, celui-ci dit : « Je haïrai cette foi si je peux, sinon le l'aimerai malgré moi » ; mais le pape Sylvestre ne voulut pas le baptiser, parce l'église catholique n'entraîne personne contre son gré.

Outre des erreurs graves qui proviennent sans doute d'un modèle déjà corrompu (*caute ne, cecedere, judea*), le scribe emploie les abréviations sans rigueur, confond les simples lettres au-dessus de la ligne avec des abréviations (*cesarius, pria*), néglige les accords. *Ambo* à la place du féminin *ambe*, l. 14, est incorrect, mais assez fréquent, ce qui fait qu'on peut le laisser, tandis que l'erreur sur l'accord du relatif *qui* n'est pas admissible. La ponctuation n'est pas toujours fiable non plus (il manque une ponctuation forte, ligne 7, après *exiberetur*). Bien évidemment des erreurs aussi fréquentes retirent beaucoup à la fiabilité d'un copiste qu'il faut constamment corriger.

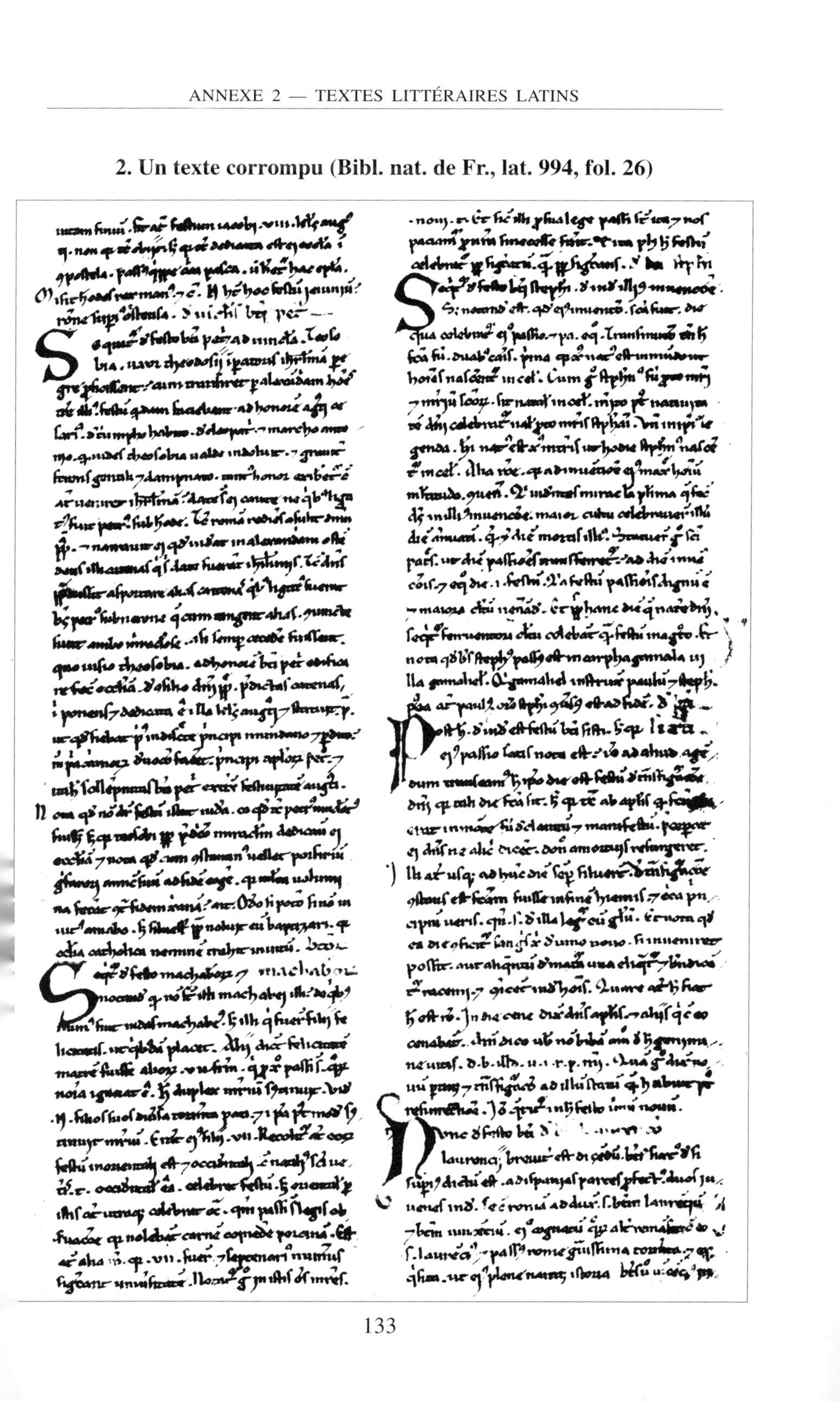

2. Un texte corrompu (Bibl. nat. de Fr., lat. 994, fol. 26)

3. Un texte de grammaire, avec gloses*

Jean de Garlande, *Ars lectoria Ecclesie,* v. 237-266
Manuscrit : Bruges 546, fol. 57.

Jean de Garlande écrit son traité en hexamètres sur l'art de lire en 1234 à Paris, et le manuscrit de Bruges (B), l'un des huit manuscrits subsistants, date de la deuxième moitié du XIIIe siècle. C'est le manuscrit qui contient les gloses les plus abondantes et les plus intéressantes ; il présente donc la difficulté d'éditer un texte muni de commentaire et de glose. L'apparat critique ne présente que les leçons de B corrigées d'après les autres manuscrits. Il y en a fort peu : à part des variantes orthographiques, le manque d'un *-que* enclitique empêche la scansion du vers 247.

La glose interlinéaire est présentée dans la colonne de droite, des astéristiques servant de renvoi. Pour gagner de la place, *idest* est remplacé par un signe d'égalité (=). La glose marginale est présentée en vis-à-vis, introduite par les numéros de vers auxquels chacun de ces passages correspond, chaque glose étant signalée par un signe conventionnel.

S'agissant de problèmes de scansion, la place du mot dans le vers indiquait aux lecteurs médiévaux la quantité des voyelles en question. Pour l'édition, les caractères gras indiquent d'une voyelle qu'elle est naturellement longue.

Une difficulté supplémentaire vient d'un passage des gloses qui décrit des signes diacritiques, en reportant un chapitre d'Isidore de Séville. Le copiste reproduit ce qu'il a sous les yeux, avec quelques déformations venues d'une longue tradition. Les signes ici utilisés, approximatifs, sont un compromis entre la forme traditionnelle de ces signes et leur dessin dans le manuscrit B.

* Le présent dossier a été tiré par Elsa Hamon-Marguin de son édition (cf. *L'Ars lectoria ecclesie de Jean de Garlande, étude, édition et traduction* : résumé dans École nationale des chartes, *Positions des thèses*... Paris, 1999, p. 285-290).

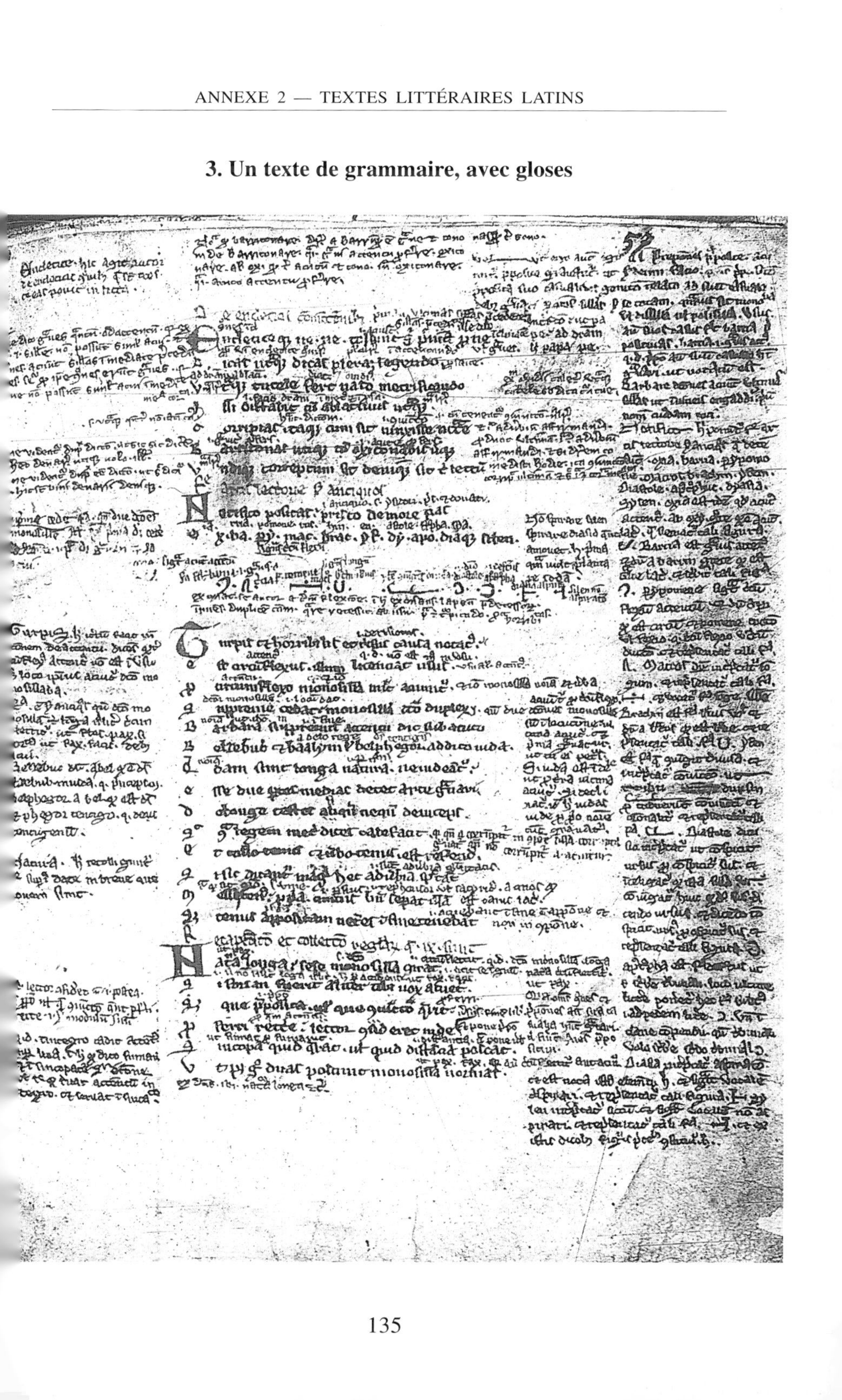

3. Un texte de grammaire, avec gloses

//57r// **De encleticis conjunctionibus**	
Encletice '-que', '-ve', '-ne' tollunt* sibi primam [prone.	*=acuunt sillabas precedentes : proprium est encletice conjunctionis
Dicas 'utraque'* dicas 'pleraque'** legendo***	*pluraliter **in accentando ***prosayce
« utraque tutele » fert Naso* metrificando**,	*dicit Ovidius **=facit differentiam in metro et in prosa $
illi distabit tamen ablativus 'utráque'*.	*ad differentiam ablativo $
Corripias *'itaque' cum sit junxisse** necesse.	*<hanc dictionem $ **=conjunctio
Barritonas* 'utìque', tamen oxitonabis** 'ubíque'.	*=graviter profers **=acute profers materialiter
'Undique' correptum, sic 'denique' sit tibi lectum.	
Figurae artis lectorie secundum antiquos	
Notifico positas prisco* de more** figuras :	*=antiquo ; **scilicet Ysidori Prisciani et Donati $
ox(ia), ba(rria), peri(pomene), mac(ros), brac(hin), [yf(en), dy(astole), apo(stropha), dia(sya)que silen.[2]	Excusat se autor a circumflexione ; in hoc excusans, ideo a peccato predecessorum innuens duplicem causam quare recessit ab usu : prima est turpitudo, secunda horribilitas.
Turpis et horribilis et risus* causa notatus	*derisionis
est circumflexus*, illumque licentiat usus**.	*quasi dico non est modo in usu $ **usualis accentus.
Pro circumflexo* monosillaba nunc** acuuntur.	*accentu **<et ideo
Suppreme* cedat** monosillaba dictio duplex.	*dictioni monosillabe **locum dat
Barbara* supremis accentu dic sub acuto** :	*nomina ut 'Jesus' **=in fine
'Belzebúb'* et 'Baalím'** vel 'Belphegór', addito ['Judá'.	*a Belo rege **deus centigenum
Quedam* sunt longa natura** : ne videantur	*<nomina **id est per genus
esse due partes, medias decet arte gravari,	
*'délonge' testes 'alíquando' 'néquando' ['déinceps'.	*sic
Ast 'aliquándo' tamen aliud corrumpere dices.	
Sic contra legem metri dices 'caléfacit',	
et 'collótenus', et 'verbótenus' est referendum.	
Si sic dicantur, magis hec adverbia* spectant.[3]	*sunt adverbia quantitatis
« Messe ténus »* propria Cinicus** bene separat [illam.[4]	*quod sit oratio $ **Persius
Sed 'tenús' appositam veteres in fine tenebant*.	*=acuebant in fine in appositione et non in compositione $
Recapitulatio et collectio regularum que IX sunt	
Natura longa* sese monosillaba gyrat**.	*scilicet dictio **=circumflectit
Si forsan fuerit aliter* tibi vox acuetur.	*idest si non fuerit longa naturaliter sed per accidentem ut 'fax, facis' $
Sed que preposita* vel que conjunctio querit**	*=prepositio **proferri versus finem $
proferri recte* lector consideret**, inde	*accentum **et pone prepositio
sincopa* quid querat, vel quid distancia** poscat.	*ut firmat pro firmavit **=distanciam ponendo
Ut patet ergo duas poscunt monosillaba normas*.	*ut 'pax' 'fax' quia aut circumflecti vult aut acui $

2. **245** pery *B*
3. **247** illum *B* **251** Belsebùb *B* - Baalym *B*
4. Perse, *Sat*. V, 25 : « Messe tenus ... »

Glose

(v. 237) Medie graves quantum ad accentum, quia ex [regula] et sillabe non possunt simul acui, et conjunctiones acuunt sillabas immediate precedentes. Sequitur quod ipse conjunctiones erunt graves, quia due non possunt simul acui immediate.

(v. 239) [utraque] media corepta. Scilicet utraque quando est nominativi Exemplum Ovidii tale est : « utraque tutele subdita cura tue »[5].

(v. 241) Id est cum teneatur conjunctio naturaliter, et 'ita' adverbium affirmandi producit ultimam. 'Ita' est adverbium affirmandi, et si dicerem « comedisti hodie » 'ita' conjunctio corripit ultimam, et sic 'itaque' corripit mediam.

(v. 242) Nota quod 'barritonare' dicitur a 'barria', quod est grave, et 'tono, -nas', quod est 'sono', inde « barritonare », quasi gravi accentu proferre. 'Oxitonare', ab 'oxi', quod est acutum, et 'tono', inde 'oxitonare', quasi acuto accentu proferre.

Velut ego autem egi ut prepositiones postposite acuuntur, preposita gravantur ut 'secùndum Deum facio'. Presens prepositio preposita suo casuali vel genitivo relato ad suum casuale debet gravari per omnes sillabas secundum se totam, quamvis sit monosillaba vel dissillaba vel polisillaba. Versus aut suos casus fert barria prepositivas. Barria, id est gravis accentus, quasi dicas prepositio aut suum casuale habet gravari, ut notatum est. Barbare dictiones acuunt ultimas sillabas ut in usu eis ... addi proprium nomen cuidam voci.

(v. 244 - 245) **Notifico** : Hic ponuntur figure artis lectorie secundum antiquos. Que decem sunt : oxia, barria, perypomene, macros, brachin, yfen, diastole, apostrophus, dyasia, sylen. Oxia est idem quod acutus accentus, ab 'oxo' grece quod est acutum latine, que figuratur tali figura´. Barria est gravis accentus et dicitur a 'barrin' grece, quod est grave latine, et scribitur tali figura`. Perypomene significat circumflexum accentum et dicitur a 'peri', quod est circum, et 'pomene', cunctio vel flexio, que circumflexio vel circumductio, et representatur tali figura ~. 'Macros' dicitur, interpretatur longum, et representatur tali figura —, quod vocatur figura longe sillabe. Brachin est figura brevis vocis et dicitur a 'bracos', quod est breve, et representatur tali figura u. Yfen est figura que conjungit divisa et interpretatur conjunctio, ut 'tribu erunt' divisim pro 'tribuerunt' conjunctim, et orationaliter, et representatur tali figura = . Diastole divisio interpretatur, ut « conspicit ursus », pro « conspicitur sus »[6], et intelligatur quod ista sillaba « ur » conjungatur huic, quod dicendo « sus », dicendo « ursus », et dicendo « conspicit ursus » pro « conspicitur sus », et representatur tali figura u. Apostropha est figura

5. Ovide, *Rem. Am.*, 78 : « utraque tutelae sudita cura tuaest. »

6. Virgile, *Aen.* 8, 83 : « Viridique in litore conspicitur, sus ». Cit. Donat, *Ars major* I, 5 « *de tonis* » (Keil, t. IV, p. 372).

defectus, ut si scriberem tribunali, loco ultime litere poneretur hec figura subtus, id est ad pedem litere › . Unde in *clave compendii* : « Quando 'tribunali' volo scribere, scribo 'tribunal›' ». Diasia interpretatur aspiratio et est nota isto elemento « h », et significat vocalem aspirari, et representatur tali figura f . Sylen interpretatur siccum, et significat vocalem non aspirari, et representatur tali figura p, et ex istis duobus figuris precedentibus constituitur « h »fp.[7]

(v. 245) « Non spirare silen, spirare diasia (que uti) / amovet 'h' prima quam vult plantare secunda. »[8]

(v. 246) **Turpis** : hic iterum facit junctionem de accentu, dicens quod circumflexus accentus non est in usu, sed loco ipsius acuitur dictio monosillaba.

(v. 248) Et ideo monosillaba nomina et verba acuuntur pro circumflexo.

(v. 249) **Suprema cede**, quasi dicat quando due dictiones monosillabe sunt ... prima debet cedere.

[cedat] sequenti, = prima debet gravari et secunda acui. Quando due dictiones monosillabe sunt in locutione, ultima acuitur et prima gravatur, ut « tu és Petrus ».

(v. 251) 'Belzebut' dicitur a 'Bel' quod est deus, et 'Sebut' musca, quod 'princeps muscarum'.

'Belphegor' a 'Bel' quod est deus et 'Phegor' centigo, quasi 'deus centigenum'.[9]

Si 'Juda' est indeclinabile, ut pro terra, ultima acuitur ; si declinatur, ut 'hic Judas', inde pro proprio nomine, tunc gravatur.

(v. 255) Quia quando 'a' corripitur in compositione, sillaba correpta gravatur; quando non corripitur, 'a' acuitur.

(v 261) **Natura** : hic recolliguntur regule superius date in breve, que novem sunt.

(v. 261 - 262) Regula est secundum antiquos : quando dictio monosillaba est longa, naturaliter circumflectitur, ut 'fles', 'pax' ; si correpta, ut 'fax, facis', debet acui. Quasi dicas : monosillaba longa natura circumflectitur, ut 'pax'.

(v. 263 - 264) Quia omnes conjunctiones et prepositiones ante sua casualia habent gravari, nisi fiunt conjunctiones prepositivi.

Quasi dicat lector consideret (...) = postea que propositio vel que conjunctio queant proferri recte id est secundum modulum suum.

(v 265) Quasi dicat in integro cadit accentus super 'ma', in hoc quod dico 'firmavit', et in sincopata similiter dictione, ut tanquam servat accentum in integro, et servat in sincopato.

---

7. Isidore, *Etym.*, I, 18, *De Accentibus*.

8. *Ars lectoria Ecclesie*, vv. 724-725

9. Isidore, *Etym.*, VIII, 11, 23-26 : « Bel idolum Babylonium est, quod interpretatur vetus. (...) Belphegor interpretatur simulacrum ignominiae. Idolum enim fuit (...) Belzebub idolum fuit Accaron, quod interpretatur vir muscarum. Zebub enim musca vocatur. Spurcissimum igitur idolum ideo virum muscarum vocatum propter sordes idolatriae, sive pro inmunditia. »

Traduction du texte

Des conjonctions enclitiques.

Les enclitiques '-que', '-ve', '-ne' font porter l'accent sur la syllabe qui les précède immédiatement.

En lisant de la prose, tu dois dire 'utráque', 'pleráque'.

Et si Ovide écrit dans ses vers : 'utráque tutele',

il faudra pourtant le distinguer de l'ablatif 'utr**a**que'.

Il faut prononcer 'itaque' avec la voyelle brève, attendu qu'elle sert de conjonction.

On place sous un accent grave 'utique', même si ub**í**que prend un aigu.

La pénultième d'undĭque' est brève, et de même doit-on lire 'denĭque'.

Figures de l'art de lire selon les Anciens

Voici les figures énoncées à la manière ancienne :

ox[ia] bar[ria] peri[spomene] mac[ros] brac[hin] hyph[en] di[astole] apo[strophe dia[sia] et silen.

Notoirement honteux, infamant et ridicule paraît

le circonflexe, et pourtant l'usage l'admet.

Les monosyllabes prennent de nos jours un accent aigu au lieu d'un circonflexe.

Quand deux monosyllabes se suivent, que l'accent soit placé sur le second seulement.

Pour les mots barbares, on les accentue d'un aigu sur la finale :

ainsi Beelzebút et Baalím ou Belphegór, en ajoutant Judá.

Certains mots sont de nature longue : pour qu'ils n'aient pas l'air

disjoints dans leurs parties, il convient d'affecter artificiellement d'un accent grave leur syllabe médiane,

témoins 'délonge', 'alíquando', néquando', déinceps'.

Pourtant on dira qu'autre chose vient altérer la prononciation d''aliquando'.

Et c'est ainsi que, à l'encontre des règles métriques, tu diras 'caléf**a**cit',

mais il faut prononcer 'collótenus' et 'verbótenus'.

Si on les prononce ainsi, c'est qu'ils ressemblent davantage à des adverbes.

Ainsi Cinicus sépare bien de 'messe', qui est un nom, 'ténus' [préposition].

Mais les anciens maintenaient la finale de 'tenús', avec accent aigu, lorsqu'il est en apposition.

Récapitulation des neuf règles

Un mot d'une syllabe dont la voyelle est longue par nature prend un accent circonflexe.

S'il en est autrement en revanche on affectera le mot d'un aigu.

Mais que le lecteur veille à prononcer correctement

le type d'accent dû aux prépositions et aux conjonctions, puis

ce que nécessite une syncope, ou une différenciation.

Les monosyllabes, comme il est montré dans ce qui suit, suivent donc deux règles.

ANNEXE 3

TEXTES ET ACTES EN LANGUE VULGAIRE

1. Un texte littéraire occitan

Le feuillet 104v du manuscrit : Paris, Bibl. nat. de Fr., fr. 24945, fournit un exemple de texte littéraire occitan en prose présentant sur la même page deux mains et deux systèmes graphiques différents.

Le manuscrit (anc. 880 du fonds de Saint-Victor) est répertorié dans Clovis Brunel, *Bibliographie des manuscrits littéraires en ancien provençal*, Paris, Droz, 1935, (*Publications romanes et françaises,* 13), n° 197 : « Ecrit en Languedoc oriental. xve siècle ». Il a été décrit par Paul Meyer, « La tradition provençale de la Légende dorée », dans *Romania*, t. 27, 1898, p. 93-137, aux p. 118-137, description reprise par Geneviève Brunel, « Vida de sant Frances. Versions en langue d'oc et en catalan de la Legenda aurea. Essai de classement des manuscrits », dans *Revue d'histoire des textes*, t. 6, 1976, p. 219-265, part. p. 257-263, III, « La version du manuscrit C », aux p. 258-259.

Le texte inédit, qui va du fol. 92 b au fol. 116c, est « un long récit de la Passion, qui n'est conservé que par ce manuscrit, rédigé d'après les évangiles canoniques et d'après l'évangile de Nicodème, qui est tout à fait étranger à la Légende dorée » (P. Meyer, *art. cit.*, p. 118). La rubrique initiale s'intitule : « Aysi comensa la passion de nostre senhor Jesu Crist cum s'ensec » et l'explicit « Explicit euvangelium Nichodemus de passione domini nostri Jesu Christi. Amen ».

1. Un texte littéraire occitan

Transcription[1]

« ... [104c] que els saubesso far ni dir, Pilat |2| no·l volc lieurar a mort, ans |3| l'en a layssat anar. E mandan |4| me que aquel home s'en es fu-|5|-git e non sabon on, mas que me |6| mandon que els se cujan que cia en |7| ma terra. E eyeu faray lo sercar |8| per tota ma terra e si lo pot om |9| trobar, que lo prengan e que ne sia |10| facha la lor volontat. E faray |11| may per amor dels avesques |12| que yeu non ame ges Pilat, mas |13| yeu li tramete una letra que si el |14| fa la volontat dels avesques |15| d'aquel home, que yeu li done |16| ma pas e lo perdoni de tot cant |17| el m'a fag.- Senhor, so dis lo |18| messagie, vos ben dires».|19|

E Herodes manda a totz sos[2] |20| senescals e a totz sos |21| prebotz que si els li podon redre |22| Jhesus de Nazaret, que aquel que li lo |23| redra fara maje home de sa |24| cort e lur donara denies o |25| renda a sa volontat. E mais |26| fes far una letra e baylet la |27| al messagie que la bayles a Pilat |28| e que disses als avesques que el era |29| prest de far la lor volontat. [104d]

E lo meçagier pres comjat |2| e tornet s'en e fonc lo digous |3| al vespre en Jherusalem. E quant los |4| avesques[3] lo viron vengut, a-|5|-gron gran gaug e demande-|6|-ron lhy : «Que manda lo rey Herodes?»|7| E lo messatgier dis que los man-|8|-dava fort saludar e que saubesso |9| per cert que el avia mandat a ssos |10| senescals e a ssos prebosts que, |11| si lo podian trobar en tota la |12| terra, que·l prezesso, car aquel que li redria |13| el faria majerdome de sa cort, |14| el donaria rendas o deniers a |15| ssa voluntat. «E si el lo podia aver, |16| que tan tost lo vos trametra. Et |17| tramet may una letra a Pilat |18| que si el fa d'aquest home a vostra vo-|19|-luntat, que el vol esser sos amix |20| e que el li perdona tot cant que el[4] a fort |21| fag.»

|22| E cant los avesques an auzit |23| so que lo messatgier dis ne |24| de la letra que trametya a Pilat |25| agron trop gran gaug. «Bayla |26| me la letra, so dis Caÿfas, que |27| Herodes tramet a Pilat». E·l mes-|28|-satgier li va baylar aquesta letra. |29| So dis Caÿfas : « Non baylarem ya

1. Par exception, contrairement à ce qui a été énoncé au **§ 16 a** (transcriptions à but pédagogique), les lettres correspondant au développement d'abréviations sont ici et dans les deux documents qui suivent soulignées et non pas imprimées en italiques afin d'en rendre la lecture plus facile.

2. sos *répété ms.*

3. avesqueves *ms.*

4. quel *ms.*

Traduction[5]

« ... Quoi qu'ils aient su faire ou dire, Pilate ne voulut pas le faire mourir, au contraire, il l'a laissé s'en aller. Ils me font savoir que cet homme s'est enfui et ils ne savent pas où, sauf qu'ils me font savoir qu'ils croient qu'il se trouve sur ma terre. Et je le ferai chercher à travers toute ma terre et si on peut le trouver, qu'ils s'en emparent et qu'il en soit fait selon leur volonté. Et je ferai plus par amour des évêques : je n'aime pas Pilate, mais je lui fait parvenir une lettre disant que, s'il agit à propos de cet homme selon la volonté des évêques, je lui accorde ma paix et le pardon de tout ce qu'il m'a fait. — Seigneur, dit le messager, votre message sera bien dit ».

Et Hérode fait savoir à tous ses sénéchaux et à tous ses prévôts que, s'ils réussissent à lui livrer Jesus de Nazareth, celui qui le lui livrera, il [le] fera le plus grand homme de sa cour et lui donnera de l'argent ou une rente, comme il voudra. De plus il fit faire une lettre et la remit au messager pour qu'il la remît à Pilate et pour qu'il dît aux evêques qu'il était prêt à agir selon leur volonté.

Et le messager prit congé et s'en retourna et arriva le jeudi à vêpres à Jérusalem. Et quand les évêques le virent arrivé, il en éprouvèrent une grande joie et lui demandèrent : « Que fait savoir le roi Hérode? » Et le messager dit qu'il commandait qu'on les saluât avec empressement et qu'ils devaient tenir pour assuré qu'il avait commandé à ses sénéchaux et à ses prévôts que, s'ils réussissaient à le trouver dans toute l'étendue de la terre, ils devaient s'en emparer, car celui qui le lui livrerait, il [le] ferait majordome de sa cour, il [lui] donnerait des rentes ou de l'argent, comme il voudrait. « Et s'il pouvait l'avoir, il vous le remettra aussitôt. Et en plus, il fait parvenir une lettre à Pilate, disant que s'il agit avec cet homme selon votre volonté, il veut être son ami et lui pardonne tout ce qu'il a fait de mal ».

Et quant les évêques ont entendu ce que le messager dit du contenu de la lettre qu'il transmettait à Pilate, ils en éprouvèrent une joie infinie : « Donne moi, dit Cayphe, la lettre qu'Hérode envoie à Pilate ». Et le messager se prépare à lui remettre cette lettre. Alors Cayphe dit : « Nous ne la donnerons pas. »

5. La traduction proposée ici ne vise qu'à aider à la compréhension du texte qu'elle cherche à serrer au plus près (en particulier en ce qui concerne l'emploi des temps verbaux).

Remarques

Une analyse du système graphique et grammatical des deux scribes est nécessaire avant de prendre des partis en matière d'édition. On trouvera ci-dessous, dans l'ordre correspondant aux paragraphes du fascicule, un certain nombre de remarques destinées à justifier ces choix éditoriaux[6].

Les deux scribes (scribe A : fol. 104c ; scribe B : fol. 104d) utilisent une initiale d'une hauteur de deux lignes au début des paragraphes qui organisent le texte ainsi que des bouts de lignes en fin de ces paragraphes. Aucun des deux scribes n'utilise dans cette page de signe de ponctuation, mais ils affectent l'initiale du mot qui commence une phrase syntaxique (le plus souvent la coordination *E* / *Et*) d'une lettre capitale : on peut conserver cette organisation. On remarquera cependant que ni les initiales des prénoms des personnages cités (sauf *Jhesus* fol. 104c, l. 22), ni les dialogues ne font pas l'objet d'une mise en relief particulière (fol. 104c, l. 17 : fol. 104d, l. 25 à 28).

Graphies

Le scribe A n'utilise à l'initiale qu'un « R » capital (*Redre* l. 21, *Redra* l. 22, *Renda* l. 25) mais le scribe B fait alterner « R » capital (*Rey* l. 6) et « r » minuscule (*redria* l. 12, *rendas* l. 14). On ne tient évidemment pas compte de ses alternances graphiques, pas plus qu'on ne tient compte des alternances « s » court (en finale uniquement), « s » long (initial ou intérieur) qui se rencontrent sous les plumes des deux scribes.

Emploi de « i » court et long et de « y » (§ 5 et 6)

Le scribe A emploie « i » court, « i » long et « y » :

« i » long est employé uniquement en fin de mot et accompagné d'un accent : il signale un « i » final après « n » et prévient la lecture « m » : *ní* (l. 1), *perdoní* (l. 16).

« y » est employé en digramme avec « a » et sert à noter une diphtongue : *layssat* (l. 3), *faray* (l. 7 et 10), *may* (l. 11), *baylet* (l. 26), *bayles* (l. 27), ou en trigramme avec « e » et « u » et sert à noter une triphtongue : *eyeu* (l. 7), *yeu* (l. 12 et 15).

6. Par convention, les mots du texte occitan cités dans le commentaire sont en italique. Pour distinguer les graphies du document des formes adoptées dans l'édition, on a éventuellement utilisé les guillemets autour des graphies.

« i » court est employé toujours sans accent et avec plusieurs valeurs : après une consonne il note soit [i] : *ni* (l. 1), *fugit* (l. 4), *cia* (l. 6), soit le premier élément vocalique d'une diphtongue : *lieurar* (l. 2), *messagie* (l. 18) *denies* (l. 24) ; après « a », il note la diphtongue [ai] et est donc équivalent à « y »: *mais* (l. 25) ; en revanche, sa valeur lorsqu'il se trouve entre deux voyelles, « *cuian* « (l. 6), « *maie* « (l. 23) doit être déterminée :

COGITARE > *cuidier* en français, *cuidar*, *cuizar* ou *cujar* en occitan. La valeur du « i » court intérieur dans « *cuiar* » est celle du phonème palato-vélaire sonore [ž] qu'il faut transcrire *cujar*. Les formes de *cujar* que fournit le scribe A dans les feuillets proches du fol. 104v sont régulièrement avec « i » court (par exemple, fol. 98b « *ele cuia se que sia vezio* »).

Pour MAJOR, le *Französisches etymologisches Wôrterbuch* de Walter von Wartburg signale des formes *mage* (Rouergue, Gascogne) et des formes *maje* (Toulouse, Limousin). On ne trouve pas, dans les feuillets proches du fol. 104v de formes de *maje,* mais Paul Meyer (*art. cit*., p. 120, fol. 3) relève des formes *Jacme mager*. On peut déduire de l'alternance « g » / « i » sous la même plume la valeur de phonème palato-vélaire [ž] de « i » dans « *maie* » et transcrire *maje*[7].

Le scribe B n'emploie pas de « i » long mais emploie indifféremment « y » et « i » court, d'une part seul pour noter [i] : *avia* (l. 9), *trametya* (l. 24), *lhy* (l. 6), *li* (l. 12), ou [ž] : *ya* (l. 28)[8] , d'autre part associé à une autre voyelle pour noter une diphtongue : *meçagier* (l. 1) et *messatgier* (l. 7), *rey* (l. 6), *may* (l. 17), ou associé à « l » pour noter [l] mouillé. *bayla* (l. 25), *baylar* (l. 28). Il emploie sporadiquement et non systématiquemet un accent sur « i » (*Pilat* accentué à la ligne 17 mais sans accent à la ligne 24) et sur « y » (*Caÿphas* accentué à la ligne 26 mais sans accent à la ligne 29).

La valeur de la graphie « i » dans « *comiat* » doit être déterminée (l. 1). Les graphies sont réguliérement « *comiat* » aussi bien sous la plume du scribe A que sous celle du scribe B (fol. 105c « *prenon comiat* »). L'étymon est COMMEATU. Carl Appel[9] attestant des formes *comjat* ou *comnhat*, on doit adopter ici la forme *comjat*.

7. Le scribe A fournit également la preuve en utilisant au pluriel *majors homes* (Paul Meyer, *art. cit*., p. 122, fol. 28 : *ero los majors homes de la cort del rey*) qu'il ne peut s'agir d'un mot composé (§ **24**).

8. Le même mot est graphié « ia » au fol. 106 b : *que ja non sapia.*

9. Carl Appel, *Provenzalische Lautlehre*, Leipzig, 1918, § 59 a.

Pour *majerdome* (l. 13), on trouve au fol. 105c la forme *magerdome* (« *Judas Scariot que es son magerdome e compret un anhelh* ») qui confirme la valeur [ž] du « i » bref interne dans ce mot.

Distinction de « u » et « v » (§ 7)

Le scribe A emploie « u » seul avec valeur de [ü] : *fugit* (l. 4), *cuian* (l. 6)..., ou en digramme pour noter une diphtongue[10] : *saubesso* (l. 1), voire en trigramme : *lieurar* (l. 2) ; il emploie « v » avec valeur de [v] : *volc* (l. 2), *volontat* (l. 10, 14, 25, 29), *vos* (l. 18), *avesques* (l. 28), mais à l'initiale « v » peut aussi noter [ü] : « *vna* » (l. 26).

Le scribe B emploie indiféremment « u » et « v » à l'initiale : *vespre* (l. 3), « *uiron* » (l. 4) avec une préférence pour « v ». À l'intérieur du mot, il emploie exclusivement « u » : « *auesques* » (l. 4).

Chiffres (§ 15).

« *I*^{a} » (fol. 104c, l. 13) déterminant *letra* doit être transcrit *una,* ce que confirme la forme développée à la l. 26.

Abréviations

- Scribe A :

1. Abréviations par signes :
   - tilde pour marquer « n » (passim) ;
   - « p » barré pour *per* (passim) ;
   - « q » surmonté d'un tilde pour *que* (passim).
2. Abréviations par contraction :
   - *tra* (l. 7 et 8) doit être développé *terra* ;
   - *pgan* (l. 9) doit être développé *prengan ;*
   - *lra* (l. 13 et 26) doit être développé *letra* (voir la forme adoptée par le scribe B aux l. 17, 24, 26) ;
   - *senhr* (l. 17) doit être développé *senher,* attesté au fol. 98b et confirmé par la morpho-syntaxe du mot, ici en fonction de sujet ;
   - *pbotz* (l. 21) doit être développé *prebotz ;*
   - *Ihs* (l. 22) **(§ 20)** doit être ici transcrit *Jhesus*, la forme développée se rencontrant en particulier au fol. 99d et au fol. 100c.

10. « u » est évidemment aussi employé en digramme avec « q » pour noter [k] : *aquel* (l. 4)...

- Scribe B :

1. Abréviations par signes :
   - 7 (l. 20) résolu par *e*, attesté plus fréquemment que *et* (dont la seule occurrence devant un mot commençant par une consonne se trouve à la ligne l. 16) ;
   - tilde pour marquer « n » (passim) ;
   - « p » barré pour *per* (passim) ;
   - « q » surmonté d'un tilde pour *que* (passim) développé à la ligne 26.
2. Abréviations par contraction :
   - « *ps* » (l. 1) doit être développé en *pres*, de même que *pzesso* (l. 12) en *prezesso.*
   - « *tra* » doit être développé *terra.*
   - « *ihrlm* » **(§ 20)** doit être ici développé *Jherusalem*, la forme figurant au fol. 104 b chez le scribe A, il est vrai.

Séparation des mots

Les habitudes des deux scribes en matière de coupure de mots ne posent pas de difficulté d'interprétation.

Lettres initiales redoublées (§ 25)

Scribe B : « *assos senescals* » (l. 9), « *assos prebosts,* » (l. 10) « *assa volontat* » (l. 15) : on maintient le redoublement mais on sépare la préposition de l'article possessif.

Elision (§ 27)

Scribe A : *l'en a layssat* (l. 3) ; *s'en esfugit* (l. 4) ; *d'aquel* (l. 15) ; *m'a fag* (l. 17).

Scribe B : *tornet s'en* (l. 2) ; *d'aquest* (l. 18).

Enclise (§ 29)

Scribe A : on transcrit sans séparation *dels avesques* (l.11 et 14), *al messagie* (l. 27), *als avesques* (l. 28), mais on transcrit en utilisant le point en haut pour isoler le pronon personnel *lo* réduit par enclise dans *no·l* (l. 2) = *non* + *lo.*

Scribe B : on transcrit en isolant par le point en haut le pronom personnel *lo* dans *que·l prezesso* (l. 12) = *que* + *lo* et l'article défini *lo* dans *e·l messatgier* (l. 27) = *e* + *lo.*

Signes diacritiques

Scribe B : la nécessité d'employer la cédille sous le « c » de *mecatgier* (l. 1) conforme à son étymologie (le mot est dérivé de MISSUS) est confirmée par les formes *messatgier* (l. 7, 23, 27). La nécessité d'employer un tréma sur le « y » de *Caÿfas* (l. 26 et 29) pour marquer la diérése, le digramme « ay » étant utilisé par ailleurs pour noter la diphtongue [ai], est confirmée par le fait que le nom hébreux est trisyllabique depuis son hellénisation.

Notes complémentaires concernant la correction du texte[11]

L'éditeur se trouve en présence d'un témoin unique qui n'est pas un original : il doit apporter au texte un certain nombre de corrections ; les remarques qui suivent justifient les notes de bas de page de l'édition.

1. *sos* est répété (fol. 104 c, l. 19). Il faut corriger le texte et rejeter en note la leçon du manuscrit.
2. La forme **avesqueves* (fol. 104 d, l. 4) qui représenterait la prise en compte de l'abréviation n'est pas attestée en ancien occitan. Le scribe B proposant par ailleurs la forme régulière *avesques* à la ligne 22, il faut rejeter en note la leçon du manuscrit et imprimer *avesques*.
3. « *Tot cant que la fort fag* » (fol. 104 d, l. 20) exprime au style indirect ce qui a été énoncé au au fol. 104c, l. 17 au style direct *tot cant el m'a fag*. Il est impossible de postuler un pronom personnel 3 régime indirect (« tout ce qu'il lui a fait de mal ») à partir de la graphie « l ». On doit comprendre *tot cant qu'el a fort fag* en utilisant l'élision; on peut proposer une correction *que el* en remarquant que partout ailleurs le scribe B disjoint *que* du pronom personnel sujet : *que el avia* (l. 9) ; *que el vol esser* (l. 19), *que el li perdona* (l. 20).

D'autre part le texte pose un certain nombre de problèmes sur lesquels on peut proposer ici des éléments de réponse :

1. la forme *eyeu* (fol. 104c, l. 7) se trouve sur cette page, sous la plume du scribe A, en concurrence avec la forme *yeu* (l. 12, 13 et 15) ; elle ne semble pas fréquente. Néanmoins, on la retrouve ailleurs chez le scribe A (fol. 100a) en alternance avec une forme *hieu* (fol. 99b). Il faut donc la maintenir.

11. Cette partie du travail de l'éditeur fera l'objet du fascicule III, en préparation, consacré aux problèmes posés par l'édition des textes littéraires en latin et en langue vulgaire.

2. *aquel que li lo redra fara maje home de sa cort e lur donara* (fol. 104 c, l. 24). On peut être tenté de corriger *lur* en *li*, renvoyant à *aquel* par cohérence syntaxique, mais *lur* peut reprendre *que si els li podon redre* et désigner la collectivité à l'intérieur de laquelle se détache *aquel que li lo redra*. La correction ne s'impose pas.
3. *el donaria rendas o denies* (fol. 104 d, l. 14). Le sens de la phrase étant « celui qui le lui livrerait, il le ferait majordome de sa court et lui donnerait des rentes ou des deniers », on attend un pronom personnel régime indirect faible ; les graphies d'enclise *e* + *li* les plus fréquemment attestées chez les deux copistes sont du type *elh* (P. Meyer, *art. cit.*, p. 121, fol. 16b *quelh* pour *que* + *li*). Dans le cas présent, qui est une transcription, on peut conserver *el* qui a un sens (reprise du pronom personnel sujet) ; dans une édition critique, on pourrait proposer la correction *elh* en rejettant la leçon *el* en note.

2. Un texte littéraire français en octosyllabes

Le manuscrit Arras, Bibliothèque municipale 139 (ancien 657) provient de la bibliothèque de l'abbaye de Saint-Vaast d'Arras, où il est entré au début du XVIIe siècle. Il s'agit d'un recueil factice composé de trois manuscrits réunis dans la même reliure. Il a été décrit par Alfred Jeanroy (*Le Chansonnier d'Arras, reproduction en phototypie*, introduction par Alfred Jeanroy, Paris, Société des anciens textes français, 1925, p. 1- 19). Le premier manuscrit du recueil (fol. 1 à 128v) contient sept textes en vers et en prose se rattachant à la littérature religieuse et morale. Il a été copié par plusieurs mains dans la seconde moitié du XIIIe siècle. Son origine picarde est attestée par la présence de traits linguistiques caractéristiques[12] : dans le passage transcrit ci-dessous, on peut relever par exemple : *biaus* (v. 3) = Gossen, § 12 ; *chil* (v. 13) = Gossen, § 28, alternant avec *cil* (v. 14) ; *vaurai* (v. 30) = Gossen § 23 ; *connissans* (v. 42) = Gossen, § 33 ; *le haute scïence* (v. 64) = Gossen § 63 ; *soutieus* (v. 67) = Gossen § 20.

Le texte, qui va du fol. 2a au fol. 32d, a été copié par une seule main. Il s'agit une initiation à la sagesse des auteurs anciens composée en 6730 octosyllabes à rimes plates par Alart de Cambrai dans la première moitié du XIIIe siècle. L'œuvre qui s'inspire d'une traduction en prose du début du XIIIe siècle des *Moralium Dogma Philosophorum* de Guillaume de Conches s'intitule dans les neuf manuscrits de la fin du XIIIe ou du début du XIVe siècle qui la conservent soit *Livre de philosophie et de moralité*, soit *Dits des sages*. Le texte a été édité par Jean-Charles Payen[13] sur la base du manuscrit Paris, Bibl. nat. de Fr., fr. 17177.

12. Voir Charles-Théodore Gossen, *Grammaire de l'ancien picard*, Paris, rééd. 1976 (*Bibliothèque française et romane*, série A : 19), désormais cité Gossen, suivi du n° du paragraphe.

13. *Le Livre de philosophie et de moralité d'Alard de Cambrai, édition d'après tous les manuscrits connus*, texte établi et rédigé par Jean-Charles Payen, Paris, Klincsieck, 1970 (*Bibliothèque française et romane*, série B : *Editions critiques de textes*, 9).

2. Un texte littéraire français en octosyllabes

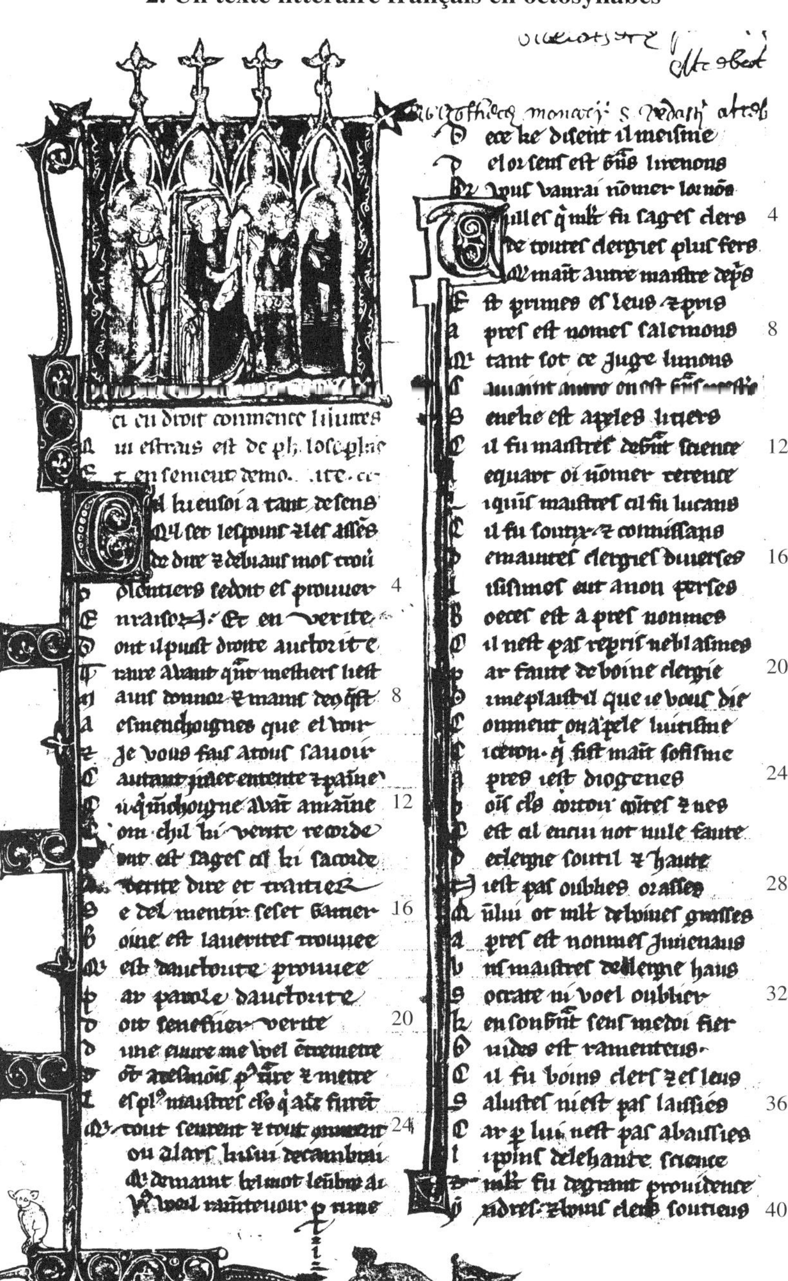

Transcription

[fol.2a] Ci endroit conmence li livres qui estrais est de philosophie et ensement de moralité.[14]

Cil ki en soi a tant de sens
qu'il set les poins et les assens
de dire et de biaus mos trover,
volentiers se doit esprouver
en raison et en verité,
dont il puist droite auctorité
traire avant quant mestiers li est.
Mains d'onnor et mains de conquest
a es menchoignes quë el voir ;
et je vous fais a tous savoir
c'autant i met entente et painne
cil qui menchoigne avant amainne
com chil ki verité recorde ;
dont est sages cil ki s'acorde
a verité dire et traitier
se del mentir se set gaitier.
Boine est la verités trouvee
qui est d'auctorité prouvee.
Par parole d'auctorité
doit senefiier verité.
D'une euvre me voel entremetre
dont a tesmoins puis traire et metre
les plus maistres clers qui ainc furent,
qui tout seurent et tout connurent.
[J][15]ou Alars ki sui de Cambrai,
qui de maint bel mot le nombre ai,
vous voeil ramentevoir par rime
de ce ke disent il meïsme. [fol.2b]
De lor sens est grans li renons.
Or vous vaurai nonmer lor nons.
Tulles qui mout fu sages clers,
de toutes clergies plus fers
que maint autre maistre de pris,
est primes esleüs et pris.
Aprés est només Salemons
qui tant sot, ce juge li mons,
c'a maint autre en est grans mestiers.
Seneke est apelés li tiers :
cil fu maistres de grant scïence.
Le quart oï nonmer Terence.
Li quins maistres, cil fu Lucans :
cil fu soutix et connisssans
de maintes clergies diverses.
Li sisismes out a non Perses.
Böeces est aprés nonmés :
cil n'est pas repris ne blasmés
par faute de boine clergie.
Or me plaist il que je vous die
conment on apele l'uitisme :
Ciceron qui fist maint sofisme.
Aprés i est Dïogenés,
boins clers, cortoix, cointes et nés ;
c'est cil en cui n'ot nule faute
de clergie soutil et haute.
N'i est pas oublïés Orasses
qu'en lui ot mout de boines grasses.
Aprés est nonmés Juvenaus,
uns maistres de clergie haus.
Socrate n'i voel oublïer
k'en son grant sens me doi fïer.
Ovides est ramenteüs :
cil fu boins clers et esleüs.
Salustes n'i est pas laissiés,
car par lui n'est pas abaissiés
li poins de le haute scïence;
et mout fu de grant providence
Yzidres et boins clers soutieus.

14. Titre rubriqué.
15. Une place a été ménagée pour une initiale de trois lignes de hauteur qui n'a pas été tracée.

Remarques[16]

Le scribe utilise des initiales ornées d'une hauteur de trois lignes au début de chacune des divisions du texte. Il utilise sporadiquement les lettres capitales, généralement pour les initiales des mots commençant les vers qui sont détachées du reste du vers (mais voir une succession de lettres minuscules aux vers 19 à 22). A l'intérieur des vers on remarquera seulement le « N » capital final de *raison* et le « E » capital de *et* au vers 5. Les noms propres comportent une majuscule lorsqu'ils figurent en début de vers (par ex. *Seneke* au v. 38), mais jamais à l'intérieur du vers (par ex. *salemons* au v. 35).

Le seul signe de ponctuation utilisé dans cette page[17] est un point virgule au v. 5 entre deux mots strictement coordonnés (*en raison et en verité*). Il est difficle de lui donner une valeur syntaxique, d'autant que dans la même situation syntaxique, il ne réapparait pas (v. 8 par exemple). La présence de ce signe doit être analysée conjointement avec l'emploi du « N » capital en fin du mot *raison* et du « E » capital au début de la conjonction de coordination *Et* (dont on remarquera en outre qu'elle est dans ce vers écrite en toutes lettres et non abrégée) : on observe que le vers 5 comporte 18 lettres, alors que les vers environnants comportent 25 (v. 4), 26 (v. 6) et 27 (v. 7) lettres. Le signe de ponctuation a donc ici une valeur purement décorative : il contribue, avec l'emploi des lettres capitales et la non utilisation de l'abréviation, à aligner ce vers sur ceux de la même colonne en lui donnant une longueur suffisante. On remarquera d'ailleurs que la fréquence maximale d'emploi des abréviations se situe sur les vers de la colonne de gauche, dont la justification est fortement marquée par la présence des rinceaux.

Graphies

Distinction de « i » et « j » (§ 5)

Le scribe emploie assez régulièrement un accent sur « i », en principe pour le caractériser dans une suite de jambages : *kí* (v. 13), *boíne* (v. 17),

16. Comme pour le texte qui précède, les remarques sont formulées dans l'ordre des paragraphes du fascicule.

17. Dans les feuillets qui suivent, je n'ai d'ailleurs repéré aucun signe de ponctuation.

senefííer (v. 20)..., mais on le trouve aussi sur le « i » de *savoír* (v. 10), de *clergíe* (v. 47)... ; inversement *poins* (v. 2) ne comporte pas d'accent.

Le scribe emploie quelquefois un « i » initial long et bouclé qui a souvent valeur de « j » : *je vous fais* (v. 10) ; *ce juge li mons* (v. 36) ; *Juvenaus* (v. 57), mais il peut avoir aussi valeur de « i » : « *jmet* » = *i met* (v. 11)[18]. Inversement le « i » court initial peut avoir valeur de « j » : « *ie vous die* » (v. 48) = *je vous die*.

On ne tient pas compte de ces graphies particulières dans l'édition elle-même, mais on doit les signaler dans l'étude du système graphique du scribe.

Emploi de « y » (§ 6)

Le scribe emploie exceptionnellement « y » à l'initiale du nom propre *Yzidres* (v. 67) ; cette graphie doit évidemment être conservée.

Distinction de « u » et « v » (§ 7)

Le scribe emploie plutot « v » à l'initiale : *verité* (v. 5), *vaurai* (v. 30), mais on le trouve aussi à l'intérieur d'un mot : *avant* (v. 12). A l'intérieur d'un mot « u » vaut consonne ou voyelle : « *sauoir* » (v. 10), « *trouuee* » (v. 17), « *prouuee* » (v. 18)[19].

Ces graphies particulières, comme celles qui concernent l'alternance de « i » long et « i » court, doivent être signalées dans l'étude du système graphique du scribe.

« x » final à valeur de « us » (§ 12)

On trouve *soutix* (v. 42) ainsi que la forme développée *soutieus* (v. 67), mais *cortoix* (v. 52), dans lequel « x » a seulement valeur de « s » final : « x » a donc ici concurremment deux valeurs ; il faut par conséquent respecter strictement les graphies du manuscrit.

Abréviations

1. Abréviations par signes :
   - tilde pour « n » : passim ; voir la forme développée *nonmés* (v. 45).

18. Au fol. 2c, cet « i » long et bouclé est employé pour le chiffre I ; au fol. 2d, il est employé pour *i* adverbe de lieu (*or i avint*)

19. Je n'ai trouvé dans les feuillets suivants aucun exemple de « u » initial avec valeur de [v].

- 7 passim développé au vers 5 vaut *et.*
- 9 dans <u>*conquest*</u> (v. 8) et passim est à résoudre selon la forme développée dans *conment* (v. 49).
- 9 dans *pl<u>us</u>* (v. 23) ; 9 dans *v<u>ous</u>* (v. 27) se déduit de la forme développée (v. 10) ; 9 dans *p<u>uis</u>* (v. 22) se déduit du système morphologique du scribe : la troisième personne du subjonctif présent *il puist* (v. 6) oriente vers une forme de première personne de l'indicatif présent *puis.* Pierre Fouché[20] confirme d'ailleurs que dans les dialectes du centre et les dialectes picards, les formes anciennes de la première personne de l'indicatif présent de *pooir* sont *pui(s)* et non *poi(s).*
- 7 suscrit utilisé pour la fin des mots, en particulier pour les suffixes d'infinitifs ou les suffixes nominaux : *trov⁷* (v. 3) = *trover* : *-er* est conforme à la morphologie du verbe et est confirmé par la rime avec *esprouver ; mest⁷s* (v. 37) = *mestiers* : la forme se déduit de la forme développée au vers 7 et est confirmée par la rime avec *tiers.*
- « p » barré (v. 27 et 64) = *par* attesté aux v. 19 et 47.
- « q » surmonté d'un tilde = *que.* Lorsque la forme est developpée, on trouve des alternances *ke* (v.28, v. 60), *que* (v. 9, 48) et *c'* avec élision devant un mot commençant par la lettre « a » (v. 11, 37). La présence de formes développées *que* autorise à choisir, pour la résolution des abréviations, cette forme qui est la plus neutre. On remarquera que, si les feuillets suivants offrent de nombreux exemples de « q » minuscule surmonté d'un tilde, le feuillet 2 n'offre que deux exemples d'abréviations portant sur le « Q » capital : au v. 33, l'abréviation figure à côté de la lettre, au v. 56, elle est reportée sur la lettre suivante : *Qñlui* = *qu'en lui* (v. 56).

2. Des abréviations par lettres suscrites :
   - « a » : *q^{a}nt* (v. 7) = *quant ; t^{a}ire* (v. 22) = *traire ; g^{a}ns, g^{a}nt* (v. 37, 39, 66) = *grans, grant.*
   - « i » : *q^{i}* (v. 2, 12, 18, 23, 24, 26, 31, 36, 50). Les formes développées sont *ki* (v. 1, 13, 14, 25). Par concordance avec le développement de l'abréviation de *que*, on peut adopter la forme *qui* ; *p^{i}s* (v. 33) = *pris* confirmé par la forme développée du v. 34.

20. *Le verbe français, étude morphologique,* Paris, 1931 ; nouvelle éd. complètement refondue, 1967, § 222.

3. Des abréviations par contraction :
   - *menchoigne* (v. 12) confirmé par la forme développée au v. 9 ; *cl's* (v. 23) = *clers* conformément à la forme développée au v. 31 ; *ramentevoir* (v. 27) ; *nombre* (v. 26) : *mlt* (v. 31, 56, 66) : la page reproduite n'offre pas d'exemple d'abréviation résolue, mais les graphies *autre* < ALTERU (v. 33, 37), *faute* < FALLITA (v. 53), *haute* (v. 54) et *haus* < ALTU (v. 58), Juvenaus < JUVENALIS (v. 57) sont des indices nets de la vocalisation du [l] antéconsonnantique et autorisent un développement de l'abréviation en *mout*.

Séparation des mots

On a déjà observé que le scribe sépare du reste du vers la première lettre du premier mot du vers. Ce souci esthétique d'ordonner la page se remarque également dans la rubrique initiale en prose pour laquelle la première lettre de chaque premier mot de la ligne est détachée du reste du texte.

On remarque d'autre part la tendance du scribe à constituer des blocs syntaxiques article défini + substantif (« *laverités* » v. 17, « *lirenons* » v. 29, « *limons* » v. 36...), ou pronom personnel conjoint monosyllabique + verbe (« *liest* » v. 7, « *seset* » v. 16...), ou relatif sujet+ verbe (« *kisui* » v. 25), ou préposition de + déterminant (« *deCambrai* » v. 25, « *declergie* » v. 58),

Élision (§ 26)

qu'il (v. 2), *d'onnor* (v. 8), *c'autant* (v. 11), *s'acorde* (v. 14), *d'auctorité* (v. 18, 19), *d'une* (v. 21), *c'a* (v. 37), *n'est* (v. 46), *l'uitisme* (v. 49), *n'ot* (v. 53), *n'i* (v. 55), *qu'en* (v. 56), *n'i* (v. 59), *k'en* (v. 60), *n'i* (v. 63) *n'est* (v. 64).

Enclise (§ 28)

es menchoignes (v. 9), *el voir* (v. 9), *del mentir* (v. 16).

Signes diacritiques

Accent (§ 32)

Il faut porter un accent aigu sur le « e » de la dernière syllabe des mots suivants :

- substantifs féminins en -é, -és (< ITATE) : *moralité* (rubrique), *verité* (v. 5, 13, 15, 20) et *verités* (v. 17), *auctorité* (v. 6, 18, 19) ;
- participes passés masculins en -é , -és : *només* (v. 35) et *nonmés* (v. 45 et 57), *apelés* (v. 38), *blasmés* (v. 46), *oublïés* (v. 55), *laissiés* (v. 63), *abaissiés* (v. 64) ;
- nom propre d'origine grecque : *Dïogenés* (v. 51) dont l'accentuation oxytonique est confirmée par la rime avec *nés* (v. 52) ;
- adverbes : *aprés* < AD+PRESSUM (v. 35, 45 et 51) ;
- monosyllabes en -es porteurs de sens : *nés* (v. 52) « pur ».

Mais on n'en met pas aux participes passés féminins en « -ee » : *trouvee* (v. 17), *prouvee* (v. 18).

Tréma (§ 33)

a. Le passage offre un exemple d'emploi du tréma dans sa fonction métrique :

a es menchoignes quë el voir (v. 9) ; pour assurer le compte des syllabes du vers, on ne doit pas élider [e] de *que*. On peut remarquer que le scribe marque ailleurs par l'élision la proclise de la conjonction : *c'autant* (v. 11), *c'a maint* (v. 37), *qu'en lui* (v. 56), *k'en son* (v. 60), et que le fait qu'il ait employé ici la forme pleine, comme il le fait quand la même conjonction précède un mot commençant par une consonne (par exemple, *ke disent* v. 28, *que je* v. 48) est un indice de l'absence d'élision. Si la pratique est généralisée dans tout le texte, on peut en avertir le lecteur une fois pour toutes et se dispenser du tréma.

Remarque : au vers 58, *uns maistres de clergie haus*, le [e] final posttonique de *clergie* doit entrer dans le compte des syllabes pour assurer la mesure du vers (comme au vers 54, *de clergie soutil*). Le tréma serait inutile car le scribe utilise la lettre « h » à l'initiale du mot pour prévenir une élision : *li poins de le haute scïence* (v. 57), mais *l'uitisme* (v. 49).

b. Fonction phonétique du tréma[21]:

vous voeil ramentevoir par rime
de ce ke disent il meïsme

meïsme < *MET+ IPSE : la diérèse est justifiée par l' étymologie ; le mot rime avec *rime* ; la diérèse permet deux syllabes dans l'octosyllabe. Le tréma est nécessaire et sa place est obligatoirement sur « i ».

21. Les cas sont examinés dans l'ordre du texte.

est primes esleüs et pris 34

esleüs est le participe passé de *eslire* < *EXLEGITUS ou EXLEGUTUS : la diérèse, justifiée par l'étymologie, permet deux syllabes dans l'octosyllabe. Le tréma est nécessaire et sa place est obligatoirement sur « u ».

cil fu maistres de grant scïence. 39
Le quart oï nonmer Terence 40

scïence est un mot savant formé à partir du verbe latin SCIRE et du suffixe -ence; la diérèse est généralement observée dans les textes en vers qui offrent de nombreux exemples de rime avec des mots en *-ence* ou *-ance* (voir aussi v. 65 / 66 *li poins de la haute scïence / et mout fu de grant providence*) ; *scïence* rime avec *Terence* et permet deux syllabes dans l'octosyllabe. Le tréma est nécessaire et sa place est obligatoirement sur « i ».

oï, passé simple 1 de *oïr*, différent de *oi*, indicatif présent 1 du même verbe ; *oï* permet deux syllabes dans l'octosyllabe. Le tréma est nécessaire et sa place est obligatoirement sur « i ». L'homographie entre la forme du présent et celle du passé simple obligerait à utiliser le tréma même dans un texte en prose.

Böeces est aprés nommés 45

L'articulation en trois syllabes, conforme à l'étymologie (BOETIUS), assure le compte de l'octosyllabe. D'autre part, le digramme « oe » est employé également par le scribe pour noter le produit de la diphtongaison du [o ouvert] accentué et libre (cf. *voel* au v. 21 et 59) ; il faut donc utiliser le tréma et le placer sur « o ».

Aprés i est Dïogenés, 51

L'articulation en quatre syllabes, conforme à l'étymologie assure le compte de l'octosyllabe. En français moderne le digramme « io » est lu en une seule syllabe, car il note une semi-consonne suivie d'une voyelle appartenant à la même syllabe (comme « violon »). On doit donc utiliser le tréma et le placer sur « i ».

N'i est pas oublïés Orasses 55
Socrate n'i voel oublïer 59

oublïer < * OBLITARE, refait à partir de OBLITUS part. passé de OBLIVISCI et postulé d'après la forme *oblidar* de l'ancien occitan ; d'autre part le mot permet deux syllabes dans l'octosyllabe. En français moderne le digramme « ie » est lu en une seule syllabe, car il note une semi-consonne suivie d'une voyelle appartenant à la même syllabe (comme « pied »). D'autre part, ici, le digramme « ie » est ambigu : il est employé également par le scribe pour noter le produit de la diphtongaison du [e ouvert] accentué et libre : *tiers* (v. 38). Le tréma est donc nécessaire et sa place est obligatoirement sur « i ».

k'en son grant sens me doi fïer 60

fïer < * FIDARE postulé d'après tous les descendants romans ; les arguments sont les mêmes que pour *oublïer* avec lequel le mot rime. À noter que *fïer* est homographe de *fier* < FERU, dans lequel le digramme « ie » note la diphtongaison de [e ouvert] accentué et libre. Le tréma serait donc également obligatoire sur *fïer* dans un texte en prose.

Ovides est ramenteüs : 61
cil fu boins clers et esleüs. 62

Deux participes passés accentués sur le [ü] final (voir v. 34).

Présentation du texte

Dans le manuscrit d'Arras, les « dits » sont organisés selon les auteurs. Le prologue dont l'extrait commenté ici représente le début se termine au fol. 2c par une rubrique : « De ches XX maistres parole Tulles tout avant ». Puis commence la partie consacrée à Cicéron : « Tulles nous commence Alars » (fol. 2d) qui s'achève au fol. 6c : « Ichi endroit se taist maistres Tulles qui a conté premiers. Si reparole aprés Salemon. [fol. 6d] Salemons nous apprent que li consaus conduist l'oume ». Rubrication et utilisation des lettrines au début de chaque chapitre consacré à un auteur participent donc de l'organisation intellectuelle de l'œuvre. On peut conserver la marque de cette mise en page dans l'édition en organisant les paragraphes selon l'emplacement des lettrines et en indiquant en outre par une note chaque fois que le texte est rubriqué.

Repérage du texte (§ 54)

On peut adopter le système fol. 1a, 1b, 1c et 1d, puisque tout le texte est présenté sur deux colonnes.

Présentation du texte (§ 56)

Il s'agit d'un texte en octosyllabes à rimes plates : on numérotera donc les vers à droite du texte de 4 en 4. On remarque au vers 28 que la nécessité d'indiquer le changement de colonne coïncide avec celle d'indiquer le numéro du vers. Deux solutions sont possibles, soit donner en retrait l'indication de la colonne, soit supprimer l'indication du numéro du vers, qui se déduit facilement des numéros précédent et suivant ; c'est la solution la plus économique, qui a été adoptée ici.

3. Une charte occitane et ses éditions successives

La charte est conservée aux Archives départementales de l'Aveyron, dans le fonds de l'abbaye de Conques.

Elle a fait l'objet d'un fac-similé dans *Ministère de l'Intérieur, Musée des archives départementales, recueil de facsimilés héliographiques de documents tirés des Archives des préfectures, mairies et hospices*, Paris, 1878, 1 vol. de planches et I vol. de textes, n° 43 (planche XXIII, p. 80-81). Le fac-similé est accompagné de la transcription et d'une analyse par H. Affre, alors archiviste de l'Aveyron[22].

Elle a été publiée par Clovis Brunel, *Les plus anciennes chartes en langue provençale, recueil des pièces originales antérieures au* XIII*e siècle publiées avec une étude morphologique*, Paris, 1926, n° 120, p. 115.

Le début et la fin sont transcrits dans l'*Inventaire systématique des premiers documents en langues romanes* édité par Barbara Franck et Jörg Hartmann…, t. IV, *Partie documentaire, chartes (françaises et occitanes)*, Tübingen, 1997 (*Scriptoralia*, 100/IV), p. 472, n° 72.118.

22. Elle a également fait l'objet d'une édition dans les mêmes années par Léopold Constans, *Essai sur l'histoire du sous-dialecte du Rouergue*, dans *Mémoires de la Société des lettres de l'Aveyron*, t. XII, 1879-1880, p. 210, qui en raison de sa proximité chronologique avec l'édition Affre n'a pas été utilisée ici. Une copie de cette charte, dans un texte légérement différent, figure d'autre part dans le cartulaire de Conques : *Cartulaire de l'abbaye de Conques en Rouergue*, publié par Gustave Desjardins, Paris, 1879 (*Documents publiés par la Société de l'Ecole des chartes*, 2), p. 404, n° 573.

3a. Une charte occitane (éd. 1878)

43

(Planche XXIII.)

CHARTE RELATIVE À CONQUES EN ROUERGUE.

Vers 1160.

B. Frotart et Guillaume de Conques, tuteurs des enfants d'Aimeric de l'Herm, reconnaissent que G. Ortola, ayant acquis de chacun d'eux un tiers du droit de *leude* de Conques (Aveyron, arrondissement de Rodez), a acquitté pour eux deux dettes, l'une de 5 marcs d'argent, l'autre de 4, pour lesquels ces deux tiers étaient engagés à Isarn, abbé de Conques, et lui donnent caution pour le remboursement de la somme de 9 marcs d'argent.

Co*n*noguda causa sia a toz los homes que aquesta carta ligerau, que l'abas Isarns avia a pennura las doas parz de la leida da Concas *per* VIIII marcs d'arjent. Li una parz ap*er*tenia an B. Frotart, *et* avia la a pennora *per* IIII marcs d'arj*ent*, e l'altra parz ap*er*tenia als effanz Aimeric del Erm, *et* avia la a pennura *per* V marcs d'arjent. Enz G. Ortolas, qu' era covenensers d'aquesta honor, acordet se am B. Frotart *et* am Guill*el*m de Conchas, que erom batlie dels effans Aimeric del Erm, e redemet la del abat. Aquesta carta laudet *et* autorguet B. Frotarz, e*n*s Guill*el*ms de Conchas, an G. Ortola *et* assa molier *et* assos effanz *et* a toz aquels homes que *per* lor *pro* ho demandario; e fero il fiansa que guirent l'en fosso de toz homes tro VIIII marcs d'arjent l'en aia hom reduz. Ens Uc de Conchas, ens Guaris Viguers feirol fiansa eisam*ent* *per* la guirentia.

Signum S. Lobreir, en Ponson Odo, en P. Guirart, en P. de Guolinahc, en Ra. Maestre, en P. Odo, en Uguo Faral.

(*Archives départementales de l'Aveyron.* — H. Affre, archiviste.)

3b. Une charte occitane (éd. 1926)

120

Vers 1170[1]. — Rouergue.

Rachat par G. Ortolan des deux tiers de la leude de Conques engagés à l'abbé Isarn.

Archives départementales de l'Aveyron, fonds de l'abbaye de Conques (arr. de Rodez). — Fac-similé dans le *Musée des Archives départementales* (Paris, 1878), pl. XXIII. — Publié par G. Desjardins, *Cartulaire de l'abbaye de Conques en Rouergue* (Paris, 1879; *Documents historiques publiés par la Société de l'École des chartes*), p. 404, n° 573; dans *Musée des Archives départementales*, p. 80, n° 43; et par L. Constans, *Essai sur l'histoire du sous-dialecte du Rouergue*, dans les *Mémoires de la Société des lettres de l'Aveyron*, t. XII (1879-1880), p. 210.

Con*n*oguda causa sia a toz los homes que aquesta carta ligerau que l'abas [2] Isarns avia a pennura las doas parz de la leida d'a Concas p*er* .viiii. marcs d'ar-[3]-jent. Li una parz ap*er*tenia a'n B. Frotart *et* avia la a pennora p*er* .iiii. marcs d'arjent, [4] e l'altra parz apertenia als effanz Aimeric de l'Erm *et* avia la a pennura p*er* .v. marcs [5] d'arjent. Enz G. Ortolas qu'era covenensers d'aquesta honor acordet se am B. Fro-[6]-tart *et* am Guill*em* de Conchas que erom batlie dels effans Aimeric de l'Erm [7] e redemet la de l'abat. Aquesta carta laudet *et* autorguet B. Frotarz e'*ns* Guillems [8] de Conchas a'n G. Ortola *et* assa molier *et* assos effanz *et* a toz aquels homes que p*er* lor p*ro* [9] ho demandario e feroil fiansa que guirent l'en fosso de toz homes tro .viiii. marcs [10] d'arjent l'en aia hom reduz. Ens Uc de Conchas e'ns Guaris viguers feirol fiansa [11] eisam*en*t p*er* la guirentia. *Signum* S. Lobreir e'n Ponson Odo e'n P. Guirart e'n P. [12] de Guolinahc e'*n* Ra. Maestre e'n P. Odo e n'Uguo Faral.

1. Isarn fut abbé de 1160, ou environ, jusqu'en 1179, suivant G. Desjardins, ouvrage cité, p. xlv.

3c. Une charte occitane (inventaire, 1997)

N° 72.118 — - 472 - — 7.2.3. **Chartes du Rouergue**

CONSERVATION: Rodez, Archives Départementales de l'Aveyron, fonds de l'abbaye de Conques	**NOM:** Rachat par G. Ortolan des deux tiers de la leude de Conques engagés à l'abbé Isarn •3	**GENRE:** Charte, rachat. Particulier -église.
PROVENANCE: Abbaye de Conques (arr. de Rodez)	**DEBUT DU TEXTE:** "Con*n*oguda causa sia a toz homes que aquesta carta ligerau que l'abas | Isarns avia a pennura ..." •3	**DATE DU MANUSCRIT:** Vers 1170 •1 (datation à base d'évidences historiques) •3
DESCRIPTION CODICOLOGIQUE: Feuille de parchemin. 12 lignes de texte. Bon état de conservation.	**FIN DU TEXTE:** "... *Signum* S. Lobreir e'n Ponson Odo e'n P. Guirart e'n P | de Guolinahc e'*n* Ra. Maestre e'n P. Odo e n'Uguo Faral." •3	**LIEU DU MANUSCRIT:** Midi-Pyrénées, Rouergue
REFERENCES BIBLIOGRAPHIQUES: •1 *Musée des Archives départementales*, 1878, Pl. XXIII (F) •2 DESJARDINS 1879, p. 404, n° 573 •1 BRUNEL 1926, p. 115, n° 120 (E)	**DESCRIPTION PALEOGRAPHIQUE:** Une seule main. Emploi normal des abréviations courantes. Emploi de majuscules pour les noms propres.	**LANGUE:** Occitan, langue usuelle des chartes. **INDICATIONS METACOMMUNICATIVES:** Genre et mode de réception: cf. 'Début du texte'

Transcription

Connoguda causa sia a toz los homes que aquesta carta ligerau que l'abas |2| Isarns avia a pennura las doas parz de la leida d'a Concas per VIIII marcs d'ar-|3|-jent. Li una parz apertenia a·n B. Frotart, et avia la a pennora per IIII marcs d'arjent, |4| e l'altra parz apertenia als effanz Aimeric de l'Erm, et avia la a pennura per V marcs |5| d'arjent. E·nz G. Ortolas qu'era covenensers d'aquesta honor acordet se am B. Fro-|6|-tart et am Guillem de Conchas que erom batlie dels effans Aimeric de l'Erm, |7| e redemet la de l'abat. Aquesta carta laudet et autorguet B. Frotarz e·ns Guillems |8| de Conchas a·n G. Ortola et a.ssa molier et a.ssos effanz et a toz aquels homes que per lor pro |9| ho demandario ; e fero.il fiansa que guirent l'en fosso de toz homes tro VIIII marcs |10| d'arjent l'en aia hom reduz. E·ns Uc de Conchas e·ns Guaris Viguers feiro·l fiansa |11| eisament per la guirentia

S[23]. S. Lobreir, en Ponson Odo, en P. Guirart, en P. |12| de Guolinahc, en Ra. Maestre, en P. Odo, en Uguo Faral.

Graphies

Distinction de « i » et « j » (§5)

La seule graphie qui pourrait être ambiguë est « arient » (l. 2, 5, 10). En occitan, et particulièrement en rouergat, [g] appuyé devant voyelle palatale aboutit à [ž] pour la notation duquel les scribes utilisent ordinairement « g ». Hans Kalman[24] a relevé la graphie de cette charte en signalant son originalité, mais son interprétation ne pose pas de problème : il faut comprendre et transcrire, comme l'ont fait les deux éditeurs, *arjent.*

Abréviations

H. Affre et C. Brunel indiquent les abréviations restituées par l'emploi de l'italique. Ils diffèrent dans leur interprétation de « *Guillm* » : H. Affre a choisi la forme la plus proche de la forme latine *Guillelmus,* C. Brunel la forme la plus représentée dans le corpus des plus anciennes chartes en langue d'oc.

23. Signe tironien pour *subscripsit* (§ **19**), que les trois éditeurs ont confondu avec l'abréviation de *signum.*

24. Hans Kalman, *Étude sur la graphie et la phonétique des plus anciennes chartes rouergates*, Zurich, 1974, §66. 2.

La seule abréviation qui peut poser problème est celle de la forme 7 : les deux éditeurs ont choisi de la transcrire *et* : on peut remarquer que la conjonction de coordination figure en toutes lettres dans la charte : *e l'altra parz* (l. 4) ; *e redemet* (l. 7) ; *e fero·il* (l. 9) mais qu'il s'agit à chaque fois d'un mot commençant par une consonne. L'abréviation, quant à elle, est régulièrement employée devant un mot commençant par une voyelle : *et avia* (l. 3, l. 4) *et am* (l. 6), *et autorguet* (l. 7), *et a ssa* (l. 8), *et a ssos* (l. 8), *et a totz* (l. 8). On sait que l'occitan privilégie la forme pleine de la coordination devant voyelle et que celle-ci peut être *et*, *ed*, *ez*. Il est donc juste de choisir pour la coordination employée devant un mot commençant par une voyelle une forme pleine et il est prudent d'avoir choisi, en l'absence d'indices autorisant un choix plus précis, la forme la plus neutre.

Séparation des mots

Lettres initiales redoublées (§ 25)

« *assa molier* » (l. 9), « *assos effans* » (l. 10). Les deux éditeurs ont maintenu la soudure. Nous préférons faciliter la lecture en séparant la préposition de l'article possessif.

Élision (§ 27)

La charte offre des cas d'élision de l'article défini, du pronom personnel régime, de la préposition *de* et du relatif *que* devant des mots commençant par des voyelles.

a. L'article : pour *l'abas* (l. 1), *l'altra* (l. 4), les deux éditeurs ont adopté la même position, mais dans le cas de la succession préposition *de* + article + déterminant, H. Affre privilégie l'enclise (*del Erm* l. 4 et 6, *del abat* l. 7) alors que C. Brunel privilégie l'élision, parti que nous suivons également dans l'édition : pour *l'abat*, le scribe soude nettement « *labat* « (comme il le fait pour « *labas* ») mais détache ce groupe de la préposition *de*. Pour « *delerm* » le scribe ne fournit aucune indication, mais on peut faire remarquer qu'il existe sur la commune de Conques un lieu-dit aujourd'hui appelé Lherm et que la forme adoptée par Clovis Brunel (préposition isolée du toponyme) est en concordance avec la forme moderne du toponyme.

b. Le pronom personnel régime indirect conjoint masculin de la troisième personne *li* s'élide devant *en* : *l'en fosso* (l. 9), *l'en aia* (l. 10). Les deux éditeurs ont marqué cette élision par une apostrophe.

Coniguda causa sia a toz los homes que aquesta carta legeran que labas.
Karrus. auia a penhora las doas parz de la leida da concas per V IIII. marcs dar-
gent. la una parz aptenia an B. frotart. e auia la a penhora per IIII. marcs darient.
e la altra parz aptenia als effanz aimeric del erm. e auia la a penhora per V marcs
darient. en G. ortolas. que era couenensers da questa honor. acorder se am B. frotart. e am Guillem de conchas que erom batlle dels effans aimeric del erm.
e redemet la de labat. Aquesta carta laudet e autorguet. B. frotarz e's Guillems
de conchas an G. ortola e assa molher e assos effanz e a toz aquels homes que per lor per
ho demandario. e fero il fiansa que guirent len fosso de toz homes. tro. V IIII. marc
darient. len aia hom reduz. en V e de conchas ens Guarins urguers feurol fiansa
e sant per la guirentia. .S. lobreir. en Ponson odo. en P. guirart. en P.
de guolenahc. e Ra. maestre. en P. odo. en Vguo faral.

c. Préposition *de* : pour *d'arjent* (l. 2, 5, 10), *d'aquesta* (l. 5), les deux éditeurs ont adopté la même position mais pour « *da concas* » (l. 2), H. Affre choisit d'imprimer *da Concas*, et C. Brunel *d'a Concas*. L'interprétation de H. Affre (*da* serait équivalent à *de*) ne se justifie pas. C. Brunel considère à juste titre qu'il s'agit de la préposition *de* suivie de la préposition *a*, *de* s'élidant devant *a* : le recueil des chartes qu'il a constitué offre en effet d'autres exemples, dans le Rouergue, de la succession des deux prépositions devant un toponyme[25].

d. Le relatif *que* perd sa voyelle devant *era* dans *qu'era covenensers* (l. 5), élision que marquent les deux éditeurs ; mais on remarquera à la ligne 6 la graphie *que erom.*

Enclise (§ 29)

La charte offre des cas d'enclise de l'article défini, du pronom personnel régime et de la particule de civilité.

a. Article défini sur la préposition (**§ 29b**) : *alz effanz* (l. 4), *dels effans* (l. 6).

b. Pronom personnel régime indirect conjoint de la troisième personne masculine sur le verbe *far* (à la troisième personne du pluriel) : *fero·il fiansa* (l. 9), *feiro·l fiansa* (l. 10). H. Affre a séparé par un blanc *fero il*, ce qui laisse supposer qu'il a compris *il* comme le pronom personnel sujet de *fero*, mais il a laissé *feirol*, conformément au système adopté dans le *Musée des archives départementales,* qui consistait à ne pas séparer les monosyllabes soudés par enclise du mot sur lequel ils s'appuient. C. Brunel relève ces deux cas d'enclise dans l'étude morphologique qui figure dans l'introduction à son édition (p. XXXI)[26] mais n'en a pas séparé les éléments. Il s'en est expliqué dans son introduction (p. XI) : « Pour la séparation des mots et l'usage de l'apostrophe, nous avons suivi l'usage des éditeurs de textes littéraires, les consonnes représentant les mots enclitiques étant laissées attachées au mot précédant. Nous avons regretté trop tard de ne pas avoir relié par un signe, un trait d'union par exemple, les mots non

25. Chartes 15, 16, 17, vers 1120 : *d'a Palmaz* ; charte 39, 1142 : *d'a Segur* ; charte 539, vers 1200 : *d'a Rodes*...

26. Les références sont à corriger : *feroil* 120, 9 (et non 20, 9) ; *feirol* 120, 10 (et non 129, 10).

séparés dans les originaux [méthode qu'il a ensuite appliquée dans le *Supplément*]. Dans les cas où l'enclise ou la proclise d'un mot, article, pronom ou particule honorable *en*, *ne*, sont possibles, on se souviendra que le solution proposée peut n'être pas présentée par le document. » Si cette charte avait été édité dans le *Supplément* les deux cas d'enclise ci-dessus se présenteraient ainsi : *fero-il*, *feiro-l*.

c. L'utilisation de la particule de civilité mérite un examen attentif.

L'enclise de *en* sur *a*, ne fait aucun doute : *a·n B. Frotart* (l. 3).

a·n G. Ortola (l. 8). H. Affre ne sépare pas les deux éléments. C. Brunel sépare par une apostrophe : *a'n*, ce qui est incohérent avec le système qu'il a exposé ci-dessus puisqu'il ne s'agit pas d'élision. Dans le *Supplément* (p. VI : « Un trait d'union sépare désormais les coupures de mots que réclament les lecteurs actuels mais qu'ignorent les auteurs de nos manuscrits »), on aurait *a-n Frotart*...

Les formes *enz*, *en* relevées dans le texte peuvent représenter soit la particule de civilité seule, au cas sujet ou au cas régime, soit cette même particule soudée par enclise sur la coordination *e*. H. Affre ne donne pas toujours les moyens de savoir comment il comprend le texte. C. Brunel, qui utilise l'apostrophe (pour laquelle les réserves formulées ci-dessus sont maintenues), offre néanmoins clairement au lecteur les moyens de le suivre dans son interprétation du texte :

- *enz G. Ortolas* (l. 5) : C. Brunel fait commencer la phrase après un point et considère qu'il s'agit de la particule pleine : la phrase précédente qui concerne la répartition des droits de leude n'a en effet aucune raison d'être coordonnée avec la phrase qui commence et qui concerne le rachat de G. Ortolan.
- *e·ns Guillems de Conchas* (l. 7) : il est logique de coordonner *Guillems de Conchas* avcc *B. Frotarz*, comme ils le sont à la ligne 5-6. *E·ns* représente donc ici *e* + *ens*.
- *ens Uc de Conchas* (l. 10) : il s'agit du début d'une phrase introduisant les noms des garants. *Ens* représente ici la particule de civilité pleine.
- *e·ns Guaris Viguers* (l. 11) : *Guaris Viguers* est coordonné avec *Uc de Conchas*. *E·ns* représente ici *e* + *ens*.
- *Subscripsit S. Lobreir e·n Ponson Odo e·n P. Guirart e·n P. de Guolinahc e·n Ra. Maestre e·n P. Odo e n' Uguo Faral* (l. 11-12). La dernière particule précède un prénom commençant par une voyelle ; s'il n'y avait pas de coordination, la particule seule serait alors *n'* le mot suivant

commençant par une voyelle (*n'Uguo*). Le fait que le scribe ait écrit « en » induit qu'il y a coordination *e* suivie de *n'*. On peut donc en déduire que tous les noms qui précèdent sont coordonnés et précédés de leur particule de civilité.

Majuscules

Le scribe utilise la majuscule à l'initiale de *Conoguda* (l. 1), d'*Aquesta* (l. 7) et en principe à l'initiale des prénoms (mais *aimeric* l. 4 et 7), mais jamais à l'initiale du patronyme. On peut remarquer que la transcription prétendument fidèle fournie par les éditeurs de l'*Inventaire systématique des premiers documents en langues romanes* ne respecte pas l'utilisation des majuscules et de minuscules faite par le scribe et que l'information donnée sous la rubrique « Description paléographique » : « Emploi des majuscules pour les noms propres », est inexacte.

Conformément à l'usage, H. Affre et C. Brunel ont rétabli des majuscules aux initiales des prénoms et des patronymes. Ils ne divergent que sur l'interprétation de *Guaris Viguers* (l. 10). H. Affre l'interpréte comme un nom propre, C. Brunel préfère y voir un nom de fonction. Son recueil des plus anciennes chartes fournit des exemples où *viguers* est nettement un nom de fonction (282, 16 *dunt es vigers* ; 110, 2 *elz veguiers* ; 298, 65 *elz veguiers*), mais aussi des exemples où, comme ici, il semble bien qu'il s'agisse d'un patronyme (*Uc Veguers*, 289, 2, (1195, Rouergue) ; 340, 14 (1200, Rouergue).

Ponctuation

La charte présente une quarantaine de points sur douze lignes de texte : certains ont une valeur syntaxique (le point avant la majuscule de *Aquesta* semble bien avoir la valeur du point moderne), certains une valeur idéogrammatique (le point après VIIII signale que les lettres qui précèdent désignent des chiffres ; même chose après IIII, mais, V n'étant pas ambigu, le point n'est pas nécessaire) ; le point après une initiale de prénom signale que le prénom est abrégé (cf **§ 18**). La valeur de certains points est néanmoins difficile à determiner exactement. C. Brunel a bien vu le problème (*Supplément*, p. VI) : « Nous continuons d'autre part à penser qu'il ne s'impose pas ici de reproduire comme ils sont employés au Moyen Age les lettres majuscules et les signes de poncutation. Cette fidélité est de trop faible intérêt pour compenser la difficulté qu'elle entraîne dans l'intelligence de documents consultés à la fois par des historiens et des philologues ». Il est tout à fait sage de conserver cette attitude prudente.

Si on compare la ponctuation que les deux éditeurs ont imposée à leur texte, on voit que dans les grandes articulations elle est identique et que la charte est décomposée en cinq phrases principales. Dans l'intérieur des phrases, H. Affre est plus généreux dans l'emploi des virgules. Le seul endroit où la ponctuation d'H. Affre est préférable à celle de C. Brunel est dans la seconde phrase : *et avia* dans les deux cas (l.3 et 4) renvoie à l'abbé, alors que la première partie de la phrase concerne les deux débiteurs du droit de leude ; la virgule avant *et* permet de signaler cette rupture de construction.

TABLE DES MATIÈRES

ANNEXES
ÉTUDES DE CAS

Achevé d'imprimer
en janvier 2001
Imprimerie Rey
Villeurbanne (Rhône)

Dépôt légal : 1er trimestre 2001